DRC
国务院发展研究中心 研究丛书2015
Development Research Center of the State Council

丛书主编 ■ 李　伟

中国垄断性行业改革

评价及进一步改革思路

赵昌文 等著

CHINA REFORM OF
MONOPOLY INDUSTRIES
EVALUATION AND FURTHER REFORM PATHWAY

中国发展出版社
CHINA DEVELOPMENT PRESS

“中国垄断性行业改革评价及进一步改革思路”课题组

课题组顾问

刘世锦　国务院发展研究中心副主任

课题组组长

赵昌文　国务院发展研究中心产业部部长　研究员

课题协调人

梁仰椿　国务院发展研究中心中国经济年鉴社　研究员

课题组成员

王金照	国务院发展研究中心产业部	研究员
王忠宏	国务院发展研究中心产业部	研究员
王晓明	国务院发展研究中心产业部	研究员
魏际刚	国务院发展研究中心产业部	研究员
许召元	国务院发展研究中心产业部	副研究员
宋紫峰	国务院发展研究中心产业部	副研究员
李秀玉	国家工商总局	副研究员

总　序

推进高端智库建设　引领中国经济新常态

国务院发展研究中心主任、研究员　李伟

去年，中央提出我国经济发展进入“新常态”的重要判断。认识新常态，适应新常态，引领新常态，成为当前和今后一个时期我国经济发展的大逻辑。

一年来，面对错综复杂的国际国内环境，在经济下行压力加大、经济发展结构性矛盾凸显的形势下，党中央、国务院带领全国各族人民和干部群众，全面贯彻党的十八大和十八届三中、四中全会以及中央经济工作会议精神，坚持稳中求进的工作总基调，加强和创新宏观调控，深入推进改革开放，力求实现稳增长、促改革、调结构、惠民生、防风险的综合平衡。同时，重点推进“一带一路”、京津冀协同发展、长江经济带重大发展战略，大力推进“中国制造2025”的工业强国战略和“互联网＋”行动计划，鼓励和促进“大众创业、万众创新”。这些战略部署和政策措施取得了积极成效，在一定程度上对冲了经济下行压力。从今年上半年各项经济指标看，经济增长与预期目标相符，结构调整继续推进，农业形势持续向好，发展活力有所增强。同时，经济下行压力依然较大，一些企业经营困难，经济增长新动力不足和旧动力减弱的结构性矛盾依然突出，需要我们继续保持战略定力，持之以恒地推动经济结构战略性调整；

同时加强危机应对和风险管控，及时发现和果断处理可能发生的各类矛盾和风险。

一年多来，国务院发展研究中心对我国经济进入新常态问题进行了深入研究。我们认为，新常态是我国经济运行度过增速换挡期、转入中高速增长后的一种阶段性特征。我国经济发展进入新常态，符合后发追赶型国家经济发展的一般规律，是后发优势的内涵与强度、技术进步模式发生变化后的必然结果，其实质是追赶进程迈向更高水平的新阶段。

新常态下的经济发展，增长速度已经不是核心问题，关键是要提质增效。只有做好认识新常态、适应新常态、引领新常态的大文章，才能实现我国经济向形态更高级、分工更复杂、结构更合理的阶段转换。而实现这一阶段转换的重要标志，一是经济体制改革的阶段性任务基本完成，二是结构调整及发展方式转变取得实质性进展，三是新的经济增长动力基本形成。如果不能完成这样的转换，我们的“两个一百年”目标将很难实现，也难以跨越类似一些拉美国家曾经遭遇的“中等收入陷阱”。

新常态下，风险、挑战与机遇并存。一方面，我们要看到，过去30多年中国经济在快速增长的同时，也积累了不少风险。在经济快速增长时期这些风险往往被掩盖，一旦速度降低后可能会逐渐暴露出来。制造业严重的产能过剩问题，面临资产重组和结构调整，不可避免地会引发产业更替、企业劣汰、员工转岗。在地方政府性债务、影子银行、房地产、企业互联互保等方面都潜伏着不少风险，“高杠杆、泡沫化”，最终都会向财政金融领域聚积。同时，当经济达到中等收入水平之后，不仅经济问题会更加复杂，政治、社会问题也会更加突出。人们的温饱问题基本解决之后，就会对公平、正义提出更高的要求，相应的政治诉求也会不断提升，过去长期存在的贫富差距问题、腐败问题、环境问题、食品安全问题、社会信用缺失问题等，都有可能成为引发社会动荡的诱因。一旦社会稳定不能得到有效维持，追赶进程就会被迫放缓甚至中断。

在看到风险与挑战的同时，我们更应重视新常态下蕴藏着的新机遇。经济发展进入新常态，没有改变我国发展仍处于可以大有作为的重要战略机遇期的判断，改变的是重要战略机遇期的内涵和条件；没有改变我国经济发展总体向好的基本面，改变的是经济发展方式和经济结构。经济结构调整难免阵痛，但调整成功了就会提升资产质量，提升产业结构，并创造新的工作岗位和更大的价值。虽然一些传统产业需求饱和了，面临转产调整，但一些新兴技术、新的业态和新的需求正在涌现，供给创造需求的空间十分巨大。虽然国际市场对我国传统出口商品的需求增长放缓了，但我们利用装备能力、产业配套能力和资本输出等优势，在新一轮国际分工中，迎来向产业链中高端迈进的历史机遇。保护环境、治理污染表面看会增加成本，但提供需求快速增长的生态产品，走低碳、绿色发展道路，环保技术、新能源等领域则会带来新的增长动力。

总之，中国经济发展所处的新常态，既是由过去时发展而来的现在时，更是蕴含着巨大变革和创新活力，迈向历史发展新阶段的未来时。在这个演化过程中，认识新常态很重要，适应新常态也很重要，但更重要的是引领新常态，推动中国经济发展迈上新台阶。作为直接为党中央、国务院重大决策提供研究咨询服务的智库机构，国务院发展研究中心应该、也有信心能够对此发挥重要而独特的作用。

当前，国务院发展研究中心自身的建设与发展正在迎来一个新的历史机遇期。继2013年4月和2014年1月习近平总书记两次对国务院发展研究中心有关智库建设工作的报告作出重要批示之后，今年1月中办、国办公布的《关于加强中国特色新型智库建设的意见》将中心列为第一批国家高端智库建设试点单位，同时又列为负责联系协调智库的党政所属政策研究机构。我们深感使命光荣、责任重大、前景广阔。

在这样的背景下，“国务院发展研究中心研究丛书”连续第六年与读者见面了。今年的中心研究丛书包括19部著作，集中反映了过去一年多中心的优秀研究成果。其中，《信息化促进中国经济转型升级》全面、深入地研究了新一代信息技术正在对产业结构产生的深刻影响，分析了信息化推动中国经济转型升级的有利条件与挑战，并提出了实施信息化推动经济转型升级的“2+2”战略及政策建议，有助于人们理解和落实2015年政府工作报告提出的“互联网+”和“中国制造2025”战略；《国家（政府）资产负债表问题研究》《支撑未来中国经济增长的新战略性区域研究》等10部著作，是国务院发展研究中心各研究部（所）的重点研究课题报告；还有8部著作是优秀招标研究课题报告。

不久前，国务院发展研究中心刚刚度过了35岁生日，正从“而立”走向“不惑”。根据我们已经上报中央的国家高端智库建设试点方案，中心将实施“政策研究与决策支持创新工程”，推进研究提质、人才创优、国际拓展、保障升级四大计划。我们真诚地欢迎读者朋友们对这套丛书不吝批评、指正，提出宝贵的意见和建议；并热切地期待在今后的工作中继续得到社会各界的关心、支持与帮助，使我们在建设国际一流的中国特色新型智库、服务于改革开放和经济社会发展、推动国家治理现代化的道路上不断进步，为国家、为社会作出更大的贡献。

2015年8月1日

前言

Preface

《中国垄断性行业改革评价与进一步改革思路》是国务院发展研究中心2014年度重点课题，由中心产业经济研究部（以下简称"产业部"）负责完成。多年来，产业部一直对垄断性行业改革进行深入跟踪研究，并且取得了一些阶段性成果。本次研究与此前相关研究有所不同，主要体现在以下两个方面。一是紧密结合新的改革形势，特别是十八届三中全会提出的改革新要求，通过开展本项研究，希望能对改革开放以来中国的垄断性行业改革有一个客观公正、科学严谨的评价；二是基于对过去改革经验教训的总结及原因分析，提出新时期的改革思路，相当于对新时期的改革方案设计、试点及其后的实施有一个预评估作用。在研究过程中，课题组就能源体制改革、油气体制改革、电力体制改革、电信体制改革、铁路行业改革等形成了多份中间研究成果，上报有关决策部门，对相关改革起到积极的促进作用。

本项研究除了注重国际经验的比较分析外，非常注重调查研究。课题组不仅组织了多次赴国家有关部委，国家电网、中国石化、神华集团等国有行业龙头企业的调研，还先后赴北京、上海、重庆、广东、浙江、江苏、辽宁、吉林等省市就相关问题进行深入调查研究，获取第一手资料，听取地方各部门、协会及企业对地方垄断性行业改革的呼声。在实地调查研究的基础上，课题组力求本着实事求是的原则，准确把握新时期中国垄断性行业改革的重点、难点问题及关键领域，科学提出新时期改革的总体思路、主要目标和重点任务。

本项研究由国务院发展研究中心副主任刘世锦同志担任课题组顾问，产业部部长赵昌文为课题组组长，协调人为梁仰椿研究员，参加人员包括产业部王金照、王忠宏、王晓明、魏际刚研究员，许召元、宋紫峰副研究员，国家工商总局李秀玉副研究员。各章完成人情况如下。第一章：梁仰椿、宋紫峰、李秀玉。第二章至第五章：梁仰椿、王金照、王忠宏、王晓明、许召元。其中，第二章至第五章按照行业分别进行了研究，相关执笔人分别是王晓明（电信行业）、王忠宏（电力行业）、魏际刚（铁路行业）、王金照（石油天然气行业）、梁仰椿（民航业）、许召元（公用事业）。本报告是一个集体成果，但各执笔人对各自部分所表述的观点、结论以及可能在论据、解释及文献引用等方面尚存在的差错负责。

课题研究过程中，中心副主任刘世锦同志、张军扩同志多次带领课题组进行调研并召开座谈会；产业部石耀东、钱平凡，中心其他部门的研究人员如马骏、高世楫、张永伟、袁东明、范保群、项安波、王怀宇等多次参加课题讨论。在此一并表示感谢！此外，还要感谢中国发展出版社在课题成果编辑校对出版过程中给予的大力支持。

希望此书能对关心中国垄断性行业改革的有关人士有所帮助，并对新时期中国的改革起到积极推动作用。当然，本课题研究过程难免受关注领域、调查取样、精力时间等方面的限制，尚存在不足之处甚至错误，请读者不吝指出，我们期待能在今后的研究中不断总结完善。

赵昌文

2015 年 5 月

目录

Contents

内容摘要 Abstract

我国垄断性行业改革已经进行多年，虽然取得一定进展，但与改革的总体要求尚存在较大差距。随着经济社会的发展，进一步深化改革的呼声日益强烈。特别是基础产业的垄断弊端，已对经济社会发展全局产生了越来越明显的负面影响。垄断行业成本高、效率低推高了经济社会发展成本；行业垄断限制社会资本进入、公平竞争和创新及其成果应用，能源资源等基础产品价格扭曲导致了社会资源的错配。加快推进垄断行业改革，提高效率和服务水平，提升产业竞争力，形成可持续发展机制，已成为我国深化经济体制改革的重要任务。

垄断性行业大多分布在国有企业，国资国企改革能否真正成功很大程度上也在于垄断性行业改革的成效。十八届三中全会提出，“国有资本加大对公益性企业的投入，在提供公共服务方面作出更大贡献。国有资本继续控股经营的自然垄断行业，实行以政企分开、政资分开、特许经营、政府监管为主要内容的改革，根据不同行业特点实行网运分开、放开竞争性业务，推进公共资源配置市场化。进一步破除各种形式的行政垄断。”“推进水、石油、天然气、电力、交通、电信等领域价格改革，放开竞争性环节价格。政府定价范围主要限定在公用事业、公益性服务、网络型自然垄断环节，提高透明度，接受社会监督。”由此可见，推进垄断性行业改革攻坚和重点突破刻不容缓。

与此同时，随着全球经济技术的发展，各国对垄断和垄断行业的认识正在发生变化，垄断行业的发展与改革的内容和发展也面临新的形势。以物联网、云计算、大数据、移动互联等信息技术应用为核心的新一轮科技革命和产业变革正在孕育兴起，互联网的创新成果开始深度融合于经济社会各领域。信息技术与实体经济深度融合带来的效率提升、需求扩大、成本下降在垄断性行产业日益显现，正在不断改变原有垄断性行业的技术特征、产业结构、规模经济和范围经济的边界，自然垄断性行业的属性将被削弱，带来了更多引入其他社会资本、实现有效竞争的机会；新技术革命将引发生产组织模式重构，垄断产性行业的组织结构将更加扁平化，不断冲击长期垂直一体化的自然垄断性模式产业；信息技术更加强调合作创新，重视提供系统性解决方案，各种新业态、新服务、新商业模式将应运而生，这将对提供垄断性服务的产业或环节带来巨大压力。变革一触即发，极大地推动了相关产业的结构调整和产业重组，为垄断性行产业改革带来了极好机遇。

在此背景下，对我国垄断性行业的改革进行客观公正、科学严谨的评价，总结和发现改革取得成效和未取得成效的主要原因、经验教训，对深入推进垄断性行业改革，具有重要的政策意义。本研究旨在从效率、公平、发展、产业竞争力、技术进步、社会福利等维度，对我国电信、电力、铁路、石油天然气、民航、公用事业等垄断性行业的改革进行评价，总结各垄断性行业改革进展不一的原因，继续深化改革存在的问题及障碍，对新形势下垄断性行业改革的必要性和紧迫性及改革的难点进行深入分析，并对改革的新思路提出政策建议，以对进一步在垄断性行业改革的重点领域及关键环节取得突破起到积极推动作用。

本研究共分为五个部分。第一部分是理论研究部分，在进行文献综述的基础上，形成对垄断性行业及其规制和若干基本问题的再认识；第二部分分析中国垄断性行业改革进展并进行评价；第三部分研究在全球新技术革命及我国改革总体要求背景下垄断性行业发展的新趋势与改革新要求；第四部分提出新时期垄断性行业改革的基本思路、目标和主要任务；第五部分提出进一步深化垄断性行业改革的政策建议。

第一章

垄断性行业及其规制：若干基本问题的再认识

“垄断”是市场结构的一种表现形式，其违法性在于没有正当理由凭借行政或市场力量限制和排挤竞争的行为。因此，反垄断规制部门和行业主管部门根据垄断的形成及其市场力量的运用，结合本国经济发展实际，以维护公平有序竞争、推动行业健康持续发展为最终目标，对相关企业进行规制。

一、五种类型的垄断

根据垄断形成机理和对竞争秩序影响的不同，可以分为市场行为导致的经济垄断、效率约束条件下的自然垄断、关系国计民生的国家垄断、保护创新的权利垄断和政府力量干预下的行政垄断。无论哪种形式的垄断，其形成关键是通过提升或维护市场进入壁垒[1]维持其独占地位，而影响进入壁垒高低的主要因素有经济性、政策法规、策略性三个方面[2]。

（一）市场行为导致的经济垄断

经济垄断与竞争相关，即企业凭借出色的经营管理能力，拥有卓越的竞争成本优势，提供高品质产品或服务，进而谋取市场优势地位，甚至成为市场垄断者。一般而言，该类经济垄断的形成得益于垄断企业所具有或实施的经济性进入壁垒与策略性进入壁垒。

在给定相关市场中，企业依托相对竞争优势展开竞争，当企业的相对竞争优势达到一定的程度，就可将竞争对手排除出相关市场并阻止潜在竞争者进入相关市场。此时，企业的相对竞争优势形成经济性进入壁垒。传统观点认为，竞争优势主要来源于成本，规模经济、对先进生产技术或关键资源的控制等因素的长期控制都能使企业的成本低于其竞争对手或潜在竞争对手，进而形成进入壁垒。在位垄断企业同样可能通过精心设计的定价、生产或品牌的策略性行为使得潜在竞争者的进入变得无利可图，进而维持其垄断地位，这样的策略性行为一般导致策略性进入壁垒。例如，在位企业对生产能力进行过度投资，使得当存在进入威胁时，企业有能力以更低的边际成本进行生产以满足市场需求，从而威慑潜在竞争者进入市场。

---

① 进入壁垒是指新企业进入特定产业或市场面临的一系列障碍。

② 吴汉洪：《垄断经济学》，经济日报出版社 2008 年版，第 7 页。

博弈论在产业经济学的大量使用使得学界进一步加深了对进入壁垒的认识。基于博弈论的模型建构发现，进入的困难可能被结构主义的分析方法所夸大。例如，企业可以针对不同的细分市场使用品牌多样化策略阻止进入，但潜在进入厂商同样可以利用产品的差异性瓦解垄断企业阻止进入的策略性行为①。鉴于策略性行为往往具有排斥或限制竞争的效果，经济垄断往往是各国《反垄断法》主要的规制对象。

简而概之，无论是传统行业“大鳄”还是新兴产业“巨星”，其本身并无对错之分，反垄断部门和行业主管部门关注的是，这些行业“巨无霸”是否凭借其市场力量，排挤、限制了竞争——这些行为或现象才是反垄断规制的研究范畴。

（二）政府力量干预下的行政垄断

马克·威廉姆森教授将行政垄断定义为，各级政府滥用行政权力，运用法律和超越法律的手段，以促进、操纵、妨碍或阻止经济活动的行为②，如行业垄断、地区封锁、条块分割等形式。

中国行政垄断的形成具有计划经济的历史渊源，虽然改革开放30多年来，“政企不分，政资不分”的情况得到了极大的改善，但从全国层面来看并不彻底，存在着地区间、行业间的巨大差距。

---

① 例如，Dixit在stackelberg模型下考察进入壁垒与产品差异性的联系。见Dixit A. A model of duopoly suggesting a theory of entry barriers［J］. Bell Journal of Economics，1979，10（1）：20~32.

② Mark Wiliams. Competition Policy and Law in China，Hong Kong and Taiwan，Cambridge University Press，2005：138.

在某些地区、行业，政府直接干预企业经营、限制竞争的观念依然存在。然而，行政垄断产生的内在动力，以及屡禁不止的根本原因在于政府对行政利益的追求。为了保护地方利益，当本地企业在竞争力、经济效益受到威胁时，政府及其部门往往不是帮助企业通过正确的市场决策增强竞争力，尽快适应市场，而是直接用行政命令的方式限制、排斥或妨碍外地同类企业或外部企业参与竞争[①]。

行政垄断问题在中国相对突出，然而在2008年《反垄断法》实施之前，针对行政垄断的法律制度却长期缺失。《反垄断法》第五章明令禁止滥用行政权力排除、限制竞争的行为，并对违反《反垄断法》的行政垄断行为进行了明确界定。党的十八届三中全会也明确指出，要进一步破除各种形式的行政垄断。对于这类垄断多需要通过自上而下、大刀阔斧式的体制改革等来实现。

（三）效率约束条件下的自然垄断

自然垄断是一种特殊的经济垄断，传统的观点认为规模经济与巨大的沉没成本是自然垄断形成的原因：无论是规模经济还是沉没成本，都构成后进入企业巨大的进入壁垒。此外，规模经济的存在还将使得高成本的企业不断退出产业，长此以往，最终市场内只剩下垄断企业。新的研究已经证明规模经济与自然垄断之

① 侯怀霞：《行政垄断的成因、类型及法律对策》，载于《山西大学学报（哲学社会科学版）》，2001，24（3）：48～53。

间并没有必然联系，自然垄断的根本成因在于其产品成本的弱增性，它通常具有这样的技术特征：面对一定规模的市场需求，与两家或更多的企业相比，单个企业能以更低的成本供应市场[①]。

具有产品成本弱增性的行业包括电力、天然气、铁路、邮政、供水等，它们大多数都与国计民生息息相关，以单个企业进行生产将有利于社会福利的增加。这使得各国政府将其与一般的经济性垄断区别对待，对具有自然垄断特征的行业使用自然垄断规制政策而非反垄断政策[②]。对自然垄断采取单独的规制政策的目的在于：既充分享受自然垄断带来的成本增加，又避免垄断企业滥用其垄断力量危害消费者福利。

垄断规制的良好愿望并不必然带来实质的福利。事实上，政府对自然垄断的规制一般面临两个问题：一方面，自然垄断存在动态性，当现有技术的成本弱增性被新技术所克服，抑或市场需求出现扩张都可能使自然垄断的特性消失；另一方面，政府的规制政策并不能紧跟行业的变化，这使得规制政策可能并不必然带来效率，反而可能促进低效率。现实的变化不断促进政府规制理论的完善，几十年来，对自然垄断规制的经济学的分析经历了“市场失灵与政府纠正措施、检验规制政策的效果、寻求规制政策

---

① ［美］丹尼尔·F. 史普博：《管制与市场》，余晖、何帆、周维富译，上海人民出版社1999年版，第4页。

② 从狭义来看，规制政策一般仅指对自然垄断企业的规制。广义上来说，反垄断政策亦属于广义的规制政策。

的政治原因、规制中的激励问题”[①] 四次研究主题的转换，历次主题转换都带来自然垄断规制政策的革新。

（四）关系国计民生的国家垄断

国家垄断主要是由政府部门依法对特定产品或服务进行独有控制的行为。国家垄断所涉及的行业一般都为关系国家安全或国计民生的重要行业，如烟草、邮政、黄金、货币发行等产品或服务都属于国家垄断的行业。在中国，相当部分的国家垄断行业同样具有自然垄断行业的特征。

一般认为，反垄断的主要目的都在于促进、提高资源配置效率，然而对适用国家垄断的行业，经济性目标往往并不适用。为了配合国家政策，或为了特定的公众利益需要，垄断比竞争更为适合，这也使得反垄断规制一般对国家垄断行业规定适用除外。

（五）保护创新的专利垄断

专利垄断主要是指知识产权所赋予的垄断，包括商标权、著作权和专利权等。在一定的专利制度下，权利人在规定的时限和范围内，依法享有知识产权的排他性占有。

专利制度的合理性在于，知识产权的生产过程一般需要耗费大量费用，但一旦其生产出来，其复制成本却往往较低。如果不

① 张红凤：《西方规制经济学的变迁》，经济科学出版社2005年版，第1页。

能得到与有形财产一样的法律保护，知识产权很容易被盗用而产生严重的“搭便车”问题。鉴于知识产权被普遍认为是“公共产品”，“搭便车”的存在将降低知识产权的预期收益，进而危害知识产权的创造动力，其后果是公共物品的提供低于应有社会最优水平。因此，需要通过专利制度确定潜在创新者在一定时期内对知识产权的独占权以鼓励潜在创新者进行创新活动。

芝加哥学派的经济学家认为，专利、天赋等是合法的垄断，一般情况下应作为《反垄断法》的适用除外而存在；然而，鉴于对知识产权的独占往往会使得知识产权的所有者在相关市场拥有一定的垄断力量，所有者可能通过知识产权的滥用侵害他人合法权益，限制、排除竞争，也需受到反垄断部门的规制。

二、垄断及其规制理论的演变

自20世纪30年代，以张伯伦与罗宾逊为代表的垄断竞争和不完全竞争理论得到广泛传播以来，对垄断的经济研究进入了更为专业的层面，而经济学对反垄断规制实践的重要性在世界范围内也达成共识。正如波斯纳所言，经济学家们对垄断理论的核心问题已经有一种共识，而这种共识与反托拉斯成文法本身的表述和背景，或者体现在司法解释和法律适用之中的理论上的曲解和倾向相比，为反托拉斯提供了更为可靠的指引。[①] 经济学中反垄断规

① ［美］波斯纳：《反托拉斯法》，孙秋宁译，中国政法大学出版社2003年版，导言第二页。

制的兴起，直接表现为产业经济学和法律经济学两大研究领域的蓬勃发展。如 J. E · 克伍卡和 J. E · 怀特指出，反垄断已经发展到一个新境界，即目前产业经济学中反托拉斯政策制定的几乎所有阶段均发挥重要的作用，这一改变被誉为“反托拉斯革命”①；而大法官博克（Robert H. Bork）认为，“《反托拉斯法》首先是一部法律”，但同时也是“持续演变的产业经济学理论的集合”②。

（一）竞争与垄断理论的发展演变

亚当 · 斯密“看不见的手”理论构建了一个非常完美的完全竞争市场，穆勒、瓦尔拉斯、马歇尔、克拉克以及帕累托等早期经济学家致力于不断深化该理论。其核心思想是，在理性经济人、完全竞争和零交易成本等假定和前提下，作为独立个体的厂商和家庭，其自利行为的最优选择，最终将导致整个社会实现帕累托最优。③

19 世纪末 20 世纪初，随着工业革命的深化，企业通过联合与兼并成为行业巨头，彻底毁灭了“完全竞争”的市场结构，再加上部分大型企业的肆无忌惮，越来越多的人开始感到恐慌和不安。1933 年，爱德华 · 张伯伦的《垄断竞争理论》和琼 · 罗宾逊的

---

① ［美］J. E · 克伍卡、J. E · 怀特：《反托拉斯革命——经济学、竞争与政策》，经济科学出版社 2007 年版，导言第 2 页。

② Bork Robert H. The Antitrust Paradox. New York：Basic Book，1978. 10.

③ ［英］亚当 · 斯密：《国民财富的性质和原因的研究》（上卷），郭大力等译，商务印书馆 1974 年版，第 1、2 章。

《不完全竞争经济学》发表，分别从产品的差别性和产品的替代性、消费者偏好的差异性等方面出发进行分析，得出结论：现实世界不存在完全竞争市场，而且完全竞争和完全垄断的市场状态之间有第三条路，那就是垄断竞争市场，虽然在这个市场存在一定程度的垄断，但整个市场竞争的力量并没有消失。[①] 但他们没有否定静态市场均衡理论，不仅沿用了新古典经济学完全竞争理论的静态分析方法，还认为必须追求完全竞争的市场结构。然而，克拉克认识到完全竞争的市场状态是不可能达到的，并于 1939 年提出了有效竞争的概念。[②] 克拉格认为，因为长期均衡的条件与短期目标无法协调一致，市场竞争中不完善的因素永远都会存在，务实的公共政策目标就应建立在协调机制之上，即如何采取行动去平衡规模经济和竞争均衡，而不是一劳永逸地消灭竞争中不完善的因素。

熊彼特的创新理论开创了动态效率分析的先河。他认为，创新是新的产品、新的生产方法、新的市场、新的供给来源和新的组织形式等，是生产要素和生产条件进行新的组合，不断用新组合去替代旧组合的过程。[③] 他认为，在同质化的完全竞争市场中，企业没有任何动力去改进产品和生产。当一个厂商开发出新产品

① ［美］张伯伦：《垄断竞争理论》，郭家麟译，三联书店 1958 年版，第 85 ~ 86 页。

② 1939 年克拉克在美国经济协会年会上作了题为“论有效竞争的概念”的报告，该报告发表于《美国经济评论》1940 年 6 月号上。John M. Clark, Toward a Concept of workable Competition, American Economic Review, June 1940. 241 ~ 256.

③ ［美］约瑟夫·熊彼特：《经济发展理论》，何畏等译，商务印书馆 1991 年版，第 290 页。

后，很快会因被模仿而只能获得平均利润，这个利润可能不足以弥补其进行研发的投入。这样，厂商的创新积极性会受到很大打击。[①] 正是出于对创新的敬仰，熊彼特认为，将完全竞争树立为理想效率的典范完全是一种错误，大企业才更有利于创新。他认为，从动态竞争的角度看，组织创新和技术进步是经济发展的内生变量，是推动资本主义生产力发展的根本性力量；创新从内部促使经济结构发生革命性的变革，破坏旧经济结构，催生新结构，是一个“创造性的破坏过程”。[②]

熊彼特相对于克拉克实现了市场竞争分析的静态方法向动态分析方法的转换，但他们的分析都是基于一个不完全竞争的市场结构展开的，为此后关于垄断规制相关理论的发展拓展了更大的空间。

（二）反垄断规制理论的发展演变

受制于对竞争政策制定初衷的理解和对经济现实的诠释，经济学家们关于反垄断规制的研究成果形成了不同核心思想主导下的不同的分析范式和技术路径。到目前为止，有重要影响的经济学派主要有：哈佛学派、芝加哥学派和后芝加哥学派。三个学派拥有不同的理论基础和核心观点，反映了他们关于市场“平民主

---

① ［美］约瑟夫·熊彼特：《资本主义、社会主义与民主》，吴良健译，商务印书馆 1999 年版，第 176 页。

② 同上，第 146 ~ 147 页。

义”和“自由主义”两种对立思想的不同主张。哈佛学派持有结构主义，芝加哥学派坚持以效率为中心，后芝加哥学派则进一步吸收了博弈论和信息经济学的成果，构建了反垄断的策略分析范式。

1. 结构主义与哈佛学派

哈佛学派是指自20世纪30年代，由哈佛大学爱德华·梅森（Edward S. Mason）等经济学家开始将反竞争行为和市场结构联系在一起，经其弟子乔·S·贝恩（Joe S. Bain）等学者的共同努力，进一步发展和阐述了一套更加完善的市场理论：“结构－行为－绩效”（简称“S－C－P”）范式，形成了比较完整的产业组织理论。1970年，谢勒（F. M. Scherer）在《产业市场结构和经济绩效》一书中通过完善S－C－P范式中各环节的反馈效应，使S－C－P分析范式得到了更加系统完整的诠释。哈佛学派的产业组织理论以新古典学派的价格理论为基础，以实证研究为主要手段，注重市场结构分析及其与行为和绩效的单向因果关系，即市场结构很大程度上决定了企业的行为和绩效[①]，由此，哈佛学派也被称为“结构主义学派”，其S－C－P的分析范式也就被称为“结构主义范式”（the structuralist paradigm）。

哈佛学派认为，产业集中度很高的市场结构，通常市场进入

① 有关结构主义的详细介绍，参见：Robert J. Larner，James W. Meehan，Jr.，The structural school，its critics，and its progeny：An assessment [J]. Economics and Antitrust Policy，edited by J. Meehan and R. Larner. New York：Quorum Books，1989.

壁垒也高，企业在这样的市场结构中，会采取诸如寡头垄断行为等反竞争措施。哈佛学派的经验研究成果也证明了这个观点，即利润率与集中度存在正相关关系；此外，贝恩研究发现，进入壁垒与利润率也呈正相关关系。这样结构主义将对垄断行为的分析就简化为对市场结构的考察。

结构主义对反垄断规制部门的建议是：对于高集中度的产业，要忽略“行为”，专攻“结构”，因为特定的市场结构不可避免地导致某些反竞争行为，因此反垄断最好的方式就是去改善市场结构[①]。而美国反托拉斯部门也一度信奉结构主义，特别是在“二战”后，在那些仇视大企业的国会和极端自由派主导的最高法院支持下，推出了史上最严厉的执法体系[②]。尤其在企业并购领域，由于权力机构对市场结构过分敏感，对可能提高市场集中度的并购行为都持反对态度。例如在 20 世纪 50 ~ 60 年代期间，任何改变企业边界的行为都会被认为有垄断嫌疑，即便是对市场竞争不产生影响的小额并购也很容易被反垄断规制部门否决。美国费城银行案和布朗鞋业案就是结构主义影响下的经典案例，一直广受争议和批评。许多经济史学家认为，严格的反垄断执法和结构主义经济分析的兴起都与当时的社会背景密切相关。

① 结构主义的逻辑是，既然市场结构决定了市场主体的行为，并进一步决定了市场绩效，那么通过对市场结构的调整就是最为有效的反托拉斯措施，对结构进行调整可以起到根本的效果，消灭高集中度的结构可以消灭反竞争的行为，而最终改善和提升产业绩效。对结构的直接调整使得对市场主体的行为进行调整和规范变得毫无必要。

② Continental Television v. GTE Sylvania, 433 U. S. 36 (1977).

在经历了大萧条和凯恩斯革命之后，社会和经济理论普遍对市场机制失去信心，政府干预主义也获得更多人的认同。“二战”以后，欧洲各国和日本相继制定并实施反垄断政策，对许多行业加强政府规制。

结构主义曾辉煌一时，但随着社会政治经济幕布的转换，结构主义的逻辑受到芝加哥学派的猛烈抨击。如哈罗德·德姆塞茨指出，产业集中度与企业利润之间的关联只对市场上的大企业有效，其他企业并不存在这种关联，小企业则只能获得竞争市场的平均回报率。竞争机制本身具有优胜劣汰的作用，即效率高的企业脱颖而出；反之，被淘汰出局。这使市场表现出集中的趋势，成功企业所得到的回报也越高。[①] 这意味着，只要市场是竞争性的，不存在不合理的进入壁垒和限制，高集中度和回报率就不应受到谴责，因为随着新企业的进入，高价格会跌落直至趋于平淡，最终高回报率只不过是暂时现象。[②] 但无论如何，结构主义为产业经济理论的发展完善留下了宝贵“遗产”，如关于进入壁垒、市场界定、市场势力等研究成果也都获得了芝加哥学派的认同，并经过不断的修改和调整后，赋予“行为”更加重要的地位。[③] 而在今天的反垄断规制实践中，对经营者集中的审查依然采用了 S－C－P 范式的思想，即规制部门在考虑是否批准合并时，重要参考标准

① H. Demsetz，Industry structure，Market Rivalry and Policy，16 J. L. & Econ. 351（1971）.

② H. Demsetz，Barriers to Entry，72 Am. Econ. Rev. 47（Mar. 1982）.

③ H. Hovenkamp，The Antitrust Enterprise：Principleand Execution，ch. 2（2005）.

之一是合并后市场结构的变化，以及由此可能引起并购企业市场势力的增强程度，进而作出相应的规制意见。

2. 保守主义与芝加哥学派

芝加哥学派因其主要代表人物来自芝加哥大学而得名。因其秉承了经济自由主义和社会达尔文主义思想，相信市场机制的作用，对政府干预持怀疑态度，认为反垄断与规制应以经济效率为核心，而被称为保守主义。

芝加哥学派的理论基础是对新古典主义的回归，主要观点如下。[①] 一是经济效率是反垄断的唯一目标。芝加哥学派吸取新古典经济学价格理论的精髓，认为经济效率是由生产效率和配置效率两部分组成[②]，然而，两个效率有一定的内在矛盾性。对此，芝加哥学派认为，反垄断追求的是“净效率”最大化，即效率增加和效率损失差额最大化。二是相信市场自我调节机制，认为一般情况下生产都是竞争性的。芝加哥学派认为，不论集中度高，还是产品差异，都不像以前的寡头垄断理论家们所认为的那样反竞争。[③] 因为竞争除了价格竞争，还有非价格竞争；而产品差异的两面性，虽可能降低竞争强度，但却不利于价格串谋。三是只有政

---

① ［美］赫伯特·霍温坎普：《联邦反托拉斯政策——竞争法律及其实践》（第三版），许光耀、江山、王晨译，法律出版社2009年版，第66～68页。

② 生产效率（Productive efficiency）主要是指企业的投入与产出的比值，投入越少而产出越多，那么意味着企业的生产效率越高。配置效率（allocative efficiency）是指市场的效率，衡量市场的效率主要采取帕累托效率标准。

③ Y. Brozen, Concentration, Mergers and Public (1982); J. McGee, In Defense of Industrial Concentration (1971).

府设置的市场壁垒会影响竞争。芝加哥学派认为，在多数市场上，如果政府对进入、退出市场不加管制，则对社会最好。[①] 因为，存在高额垄断利润的市场会吸引大量进入者，垄断者的垄断地位将随之消失，司法程序在这个过程中仅仅起到催化的作用。[②] 四是企业纵向一体化是为了增进效率。芝加哥学派认为，纵向一体化是为了节约交易成本，并非为了垄断，因为纵向一体化、转售价格维持、纵向非价格限制等是能够增进经济效率的。五是反对政府干预。芝加哥学派说，那种认为政府干预比市场自身通过内在修复更有效率的观点，是非常武断的。[③] 政府在有限理性条件下，对市场强行干预，不如由市场自行修复。六是反垄断规制应对有效率的行为保持宽容。正如博克指出的，反垄断不应该考虑财富或者权利在社会中如何进行分配，而应考虑社会总体福利的最大化。[④] 波斯纳也指出，反托拉斯唯一目标应该是促进经济学意义上的效率，没有任何理由来达到与效率无关甚至对立的目标。[⑤]

以 GTE - Sylvania 案[⑥]（1977）为标志，20 世纪 80 年代以后的反垄断规制思想开始转向保守主义，这完全归功于芝加哥学派的

---

① H. Demsetz , Barriers to Entry, 72AM. Econ. Rev, 47（1982）.

② F. Easterbrook, The Limits of Antitrust, 63 Texas L. Rev. 1, 2（1982）.

③ F. Easterbrook, Workable AntirustPolicy, 84 Mich. L. Rev. 1, 16 ~ 21（1982）.

④ R. Bork, The antitrust Paradox: A Policy at War with Itself 91（1978; rev. ed. 1993）

⑤ ［美］波斯纳：《反托拉斯法》，孙秋宁译，中国政法大学出版社 2003 年版，导言第 2 页。

⑥ 芝加哥学派本身并非一个明确的概念，一般认为，在反垄断领域，芝加哥学派起源于 Aaron Director 对纵向限制的研究，见 THE NEW PALGRAVE DICTIONARY OF ECONOMICS AND THE LAW（Peter Newman, ed. , Macmillan Reference 1998）, at 227 ~ 33, 601 ~ 05。

努力[①]。当时，美国企业开始遭受欧洲、日本企业的严峻挑战，整体经济陷入滞胀怪圈，主张政府干预的经济学受到越来越多的质疑。以波斯纳与博克为代表的学者对20世纪50～60年代沃伦最高法院的系列判决做出了猛烈抨击。通过价格理论分析框架，芝加哥学派指出许多被沃伦法院认定为反竞争的行为事实上是促进效率的，试图让人们相信许多企业行为没有违法而是本身合法的（per se legal），市场远比人们所想的更有效率，政府与法院的干预反而危害了市场竞争，最好的反垄断规制应是“无为而治”。

保守主义为反垄断规制带来了一场“芝加哥革命”，也深刻影响着反垄断规制政策。如美国司法部于1982年、1984年发布的《企业合并指南》，以及与联邦贸易委员会于1992年联合发布的《企业横向合并指南》（在1997年对“效率”部分进行过部分修订）逐渐放弃了结构主义思想，转而更加注重对企业合并后的经济效率分析，自20世纪80年代起，被认定具有效率的横向安排、合并以及所有纵向安排几乎都被排斥在规制范围之外；在20世纪70年代之前，市场份额很小的企业合并都会受到美国司法部和FTC干涉，最高法院也一般也会支持政府反托拉斯机构立场，但到了20世纪的80年代和90年代，大型石油公司、航空公司（如波音与麦道合并案）则被放行，混合合并基本不再过问，对掠夺性

---

① ［美］J. E·克伍卡、J. E·怀特：《反托拉斯革命——经济学、竞争与政策》，经济科学出版社2007年版，导言第5页。

定价更加宽容，价格歧视案件几乎没有受理。这些得益于保守主义思想对政府部门的影响，某种程度上，芝加哥学派大大缩小了反垄断规制范围。

3. 新策略主义和后芝加哥学派

20 世纪 90 年代，芝加哥学派的反托拉斯思想受到了挑战。以 Shapiro、Shropshire 和 Becker 等为代表的经济学家利用博弈论工具和新实证产业组织经济学对厂商纵向行为进行分析，得出了与芝加哥学派相反的结论。由于这一学派的反垄断思想诞生在芝加哥学派之后，而且主要对芝加哥学派反垄断思想的自由主义缺陷进行修正，因此被称为“后芝加哥学派”，由于经济分析依赖博弈论工具，也被称为“新策略学派”。

后芝加哥学派对芝加哥学派进行了吸收和扬弃，并根据博弈论思想，建立了更接近经济现实的分析逻辑，即假设一个理性的支配企业面对新的进入者，会考虑包括市场结构、消费者、供应商、竞争对手和潜在竞争对手等市场参与者等因素，以及他们在博弈中的反应。[①] 策略主义相对于保守主义更加关注垄断是否可以持续维持，以及垄断行为是否具有可信性。概而言之，后芝加哥学派主要观点如下所述。一是市场结构在反垄断分析中具有重要作用，因为市场结构是博弈参与人博弈的内生结果，而且策略行为发挥作用的前提是企业具有市场势力，有助于找到反垄断规制

① C. Holt and D. Scheffman，“strategic Business Behavior and Antitrust”，in Economics and Antitrust Policy（R. Lamer & J. Meehan，Jr.，eds. 1989）. 39.

的重点，提高规制成效、降低行政成本。二是动态博弈分析的结果可以证明限制竞争行为的存在。在博弈过程中，企业凭借其市场优势地位，通过专利布局和胁迫[①]、投资、先占等策略的运用，改变潜在竞争者的预期，甚至竞争者进入的念头，特别是在信息不对称的条件下，掠夺性定价成为阻碍市场进入的重要信号。三是超级博弈理论、多次博弈理论模型可以证明企业合谋存在的价值。多次、长期的博弈会打破“囚徒困境”，可以通过一个不合作的机制，实现合谋，并且可以长期维持。[②] 四是支持规制部门严格审查企业并购。他们认为，纵向并购和纵向限制可能产生市场封锁效应，横向并购则可能产生单边效应；特别是那些具有市场优势地位的企业或者寡头，通过纵向并购或纵向限制，会使竞争者或者潜在进入者因无法获取或需高成本获取进入市场的必要品而放弃进入，即会对竞争产生限制和排挤效果[③]，而横向并购会加强企业市场势力，增加企业提高价格的动机。五是对网络外部性问题和双边市场等新问题提出了独到分析思想和技术路线。后芝加哥学派认为，应保护企业合法的知识产权，以促进技术持续创新，但也不能放纵企业滥用知识产权阻碍竞争。如要警惕银行卡支付平台、计算机软硬件、通讯网络等市场在网络效应作用下，通过

---

① 拥有专利权的支配企业还可以通过提起诉讼的方式，指控竞争者侵犯其专利权，让对手背上沉重的诉讼包袱，支付高昂的诉讼成本，以此达到打败弱小竞争对手的目的。

② Friedman. A Noncooperative Equilibrium for Supergames. Review of Economic Studies，1971，(28)：1 ~ 12.

③ Farrell and Shapir. Horizontal Mergers：An Equilibrium Analysis. American Economic Review，1990，80：107 ~ 125.

拒绝接入、拒绝许可、搭售等行为阻止竞争者进入、阻碍技术进步等伤害市场动态效率的情况。

后芝加哥学派相对对芝加哥学派使用了更为先进的研究工具和数据分析方法，重新审视反垄断范围内更为现实的经济现象。他们在理论上的成就很快被应用到掠夺性定价、垂直关系等规制实践中。在美国，后芝加哥学派所蕴含的自由主义基因使政府反垄断规制趋于宽松。在克林顿总统与布什总统的第一个任期中，美国政府的反垄断规制试图在20世纪50～60年代的过度执法与80年代的执法不足间寻求中间道路。在这个时期内有许多重要案例，如柯达案（1992）、微软案（1999）等。其中，柯达案大篇幅地运用博弈理论、信息经济学、交易成本经济学等后芝加哥学派的经济学主张。该案标志着美国联邦最高法院开始采纳后芝加哥学派的主张：在法庭审判中有必要对策略行为加以详细分析[①]。同样，后芝加哥学派的理论思想为欧盟委员会所青睐，在2000年左右的许多兼并案件都大量使用了后芝加哥学派的观点。在后芝加哥学派的经济主张影响下，反垄断规制的“本身违法原则”也在越来越多的规制实践中被“合理原则”所替代。

后芝加哥学派主要是对芝加哥学派极端观点做了一定回调，而回调的方向正是结构主义。所以，新策略主义与结构主义观点会有一些共同之处，就是重视对市场结构、进入壁垒和行为人市

① 参见黄进喜、朱崇实：《美国反托拉斯法中的经济学理论发展及启示》，载于《厦门大学学报（哲学社会科学版）》2010年第3期，第51～58页。

场地位的研究。但关于竞争行为的分析，两者则分道扬镳。[①] 在Hovenkamp 看来，后芝加哥学派最重要的贡献在于让人们重新认识了市场的复杂性和多样性[②]，“简言之，人们重新思考了整个反托拉斯范围中的各种问题。这个所谓的‘后芝加哥学派’认为先前20 年中的许多分析依赖的是过于简化的理论，结果导致重要的差别被忽视，并产生了过分激进的结论。……与芝加哥经济学相比，它较为怀疑市场具有自动约束企业从而纠正兼并和各种厂商反竞争可能的能力。”[③]也就是说，如果市场并非芝加哥学派所假设的那样完美，市场上存在诸如信息不对称、产品差异化等状况，具有一定市场力量的企业有能力从事协调性行为，或有能力实施策略性行为排斥竞争。理论上的折衷主义倾向使得后芝加哥学派的政策主张更加温和，该学派倾向于对具体行为进行合理性分析，而非简单判定其本身违法或本身合法。笔者认为，后芝加哥学派并非理论倒退，而是芝加哥学派的延伸。如果芝加哥学派的理论是一系列“不可能理论”，即企业的行为不可能削弱竞争，后芝加哥学派的理论则是一系列“可能性理论”，即在芝加哥学派看来没有危害竞争的行为在某些条件下事实上具有反竞争效果。无论如何，正如 J. E · 克伍卡曾说的，反垄断的未知领域会随着经济学知识的

---

① ［美］赫伯特 · 霍温坎普：《联邦反托拉斯政策：竞争法律及其实践》，许光耀等译，法律出版社 2009 年版，第 50 页。

② Hovenkamp 认为这是后芝加哥学派最重要的贡献。

③ ［美］J. E · 克伍卡、L. J · 怀特编著：《反托拉斯革命—经济学、竞争与政策》，林平、臧旭恒等译，经济科学出版社 2007 年版。

不断增长而缩小①。

三、经济垄断的规制理论与实践

根据经济学的一般性原理，只要是在有效竞争市场中，企业很难长久独占经济垄断地位。然而，当企业为了谋取或维持长期经济优势地位而采取反竞争手段，导致市场进入受到限制、竞争地位不平等时，则需要政府规制部门强权介入，以维护公平公正有序的竞争秩序。目前政府部门主要规制的有三类非法经济垄断：滥用市场支配地位、经营者集中和垄断协议。

（一）滥用市场支配地位的规制理论与实践

根据中国《反垄断法》第三章的规定，市场支配地位主要是指经营者在相关市场内具有控制商品价格、数量或者其他交易条件，或者能够阻碍、影响其他经营者进入相关市场能力的市场地位；经营者滥用市场支配地位表现为掠夺性定价、限定交易、搭售、差别化待遇等，但就其本质都是一种限制和排挤竞争的行为。笔者就滥用市场支配地位较为典型的三类表现及其相关理论给以阐述，虽是管中窥豹，但也能给出一定启示。

---

① 如 Tetra Laval BV v. Commission, Case T－5/02, 2002 E. C. R. II－4381; General Electric and Honeywell have appealed that decision. Honeywell Int' l v. Commission, Case T－209/01; General Electric Co. v. Commission, Case T－210/01。

1. 掠夺性定价的相关理论与规制实践

掠夺性定价行为的逻辑是：占市场支配地位的企业凭借其经济实力，在短期内通过价格定在边际成本之下进行销售的方式把竞争对手排挤出市场，然后再提升价格以获取垄断利润。规制部门认为，企业将价格定在边际成本之下不符合经济人理性，其价格定在短期边际成本之下必通过将来的垄断价格将损失弥补回来，其动机只是为了驱逐竞争对手，应当被推定为非法。

经济学家发展出不同的测试方法以检验企业掠夺性定价行为是否违法。激进的芝加哥学派学者认为掠夺性定价是非理性行为，故而任何相关指控都应该被撤销[①]。而哈佛学者则提出“Areeda - Turner”标准，提出判定掠夺性定价的两个要素：一是证明价格低于某个成本指标[②]，二是证明被告的短期亏损具有在长期被补偿的前景[③]。从实践来看，后者在法院有关 Aspen Skiing 案、Brooke 案与 Weyerhaeuser 案中都得到明确的体现。[④] 该分析方法受到法院的认可，虽然也引发了大量争议和诉讼，但由于掠夺性定价的认定还要综合考虑市场结构，所以，Areeda - Turner 分析方法仍被规制

① 如 Easterbrook F H. Predatory strategies and counterstrategies ［J］. The University of Chicago Law Review，1981：263 ~337。

② 包括短期边际成本与平均可变成本，芝加哥学派的 Posner 则认为检验的标准是价格低于长期边际成本。

③ Areeda P，Turner D F. Predatory pricing and related practices under Section 2 of the Sherman Act ［J］. Harvard Law Review，1975：697 ~733.

④ Aspen Skiing v. Aspen Highlands Skiing，472 U. S. 585（1985）；Brooke Group Ltd. v. Brown & Williamson Tobacco Corp. 509 U. S. 209（1993）；Weyerhaeuser Co. v. Ross - Simmons Hardwood Lumber Co.，127 S. Ct. 1069（2007）.

部门所沿用。

结构主义的哈佛学派认为掠夺性行为是主导企业排斥竞争对手的有效方式。但相信市场自我修复能力的芝加哥学派认为，掠夺性行为基本上不可能发生，因为从长期看，理性的主导性企业因为无利可图，根本就不会去实施掠夺性定价。在松下电器案［475U. S. 574（1986）］中，法院借鉴了芝加哥学派的思想，认为掠夺性定价行为极为罕见，即使存在也不大可能获得成功。后芝加哥学派的学者批判了 MeGee① 等芝加哥学派经济学家的观点，认为在不完全信息条件下，信号模型、不完善金融市场的“Deep Pocket”模型②和声誉模型③等策略性博弈模型证明，主导企业采取掠夺性定价可以威慑和迫使现实竞争者和潜在竞争者推出或不敢进入市场。可以说，后芝加哥学派为掠夺性定价理论的完善和深化作出了一定的贡献。

2. 限定交易的相关理论与规制实践

限定交易行为的逻辑是：占市场支配地位的企业凭借其市场势力，限定交易相对人只能与其或与其指定的经营者进行交易，致使其竞争对手因经营成本增加，无法满足市场需求等而被迫退

---

① MeGee（1958）认为掠夺性定价行为不太可能发生，是非理性的行为。因为为了达到目的，掠夺性行为不是唯一的选择，企业还可以选择进行兼并，而且兼并还是一种成本更优、风险更低的选择。参见：McGee，John. “Predatory Price Cutting：The standardOil（N. J.）Case.” Journal of Low & Economics 1. October 1958. 137～169.

② Telser，1966，Cutthroat Competition and the Long purse. Journal of Law and Economics，9：259～277.

③ Kreps and Wilson，1982. Predation and Imperfect Information. Journal of Economic Theory，27：253～279.

出市场。对此，规制部门多采取比较严厉的态度，认为限定交易行为违反了平等自愿、诚实守信的商业道德，妨碍了自由平等的竞争，不利于行业发展，最终会损害消费者利益。但理论界认为，限定交易仍然存在效率抗辩的空间，这个观点反过来也在影响规制部门的裁决。

美国法院在著名的 Standard Fashio 诉 Magrane – Houston [258U. S. 346（1922）] 中，以合约排挤竞争对手为由，宣告该合约无效①。芝加哥学派对此进行了抨击，认为排他行为里包含增进效率的动机。博克（1978）说："（独家交易合约）不是为了限制进入，而是为了一些更明智的目标，比如让分销商更努力销售等。"② 法院受到芝加哥学派思想的影响，以施韦恩案（Schwin，1967）和 GTE0 – 西尔维尼亚案（Sylvania，1977）为转折点，对限定交易行为开始更多地使用合理原则进行审查和认定。

然而，在假设不止一个买方，且潜在进入存在规模经济，仍有数量众多的买方未签订独家交易合约的条件下，Segal 和 Whinston③ 修正了 Aghion 和 Bolton（1987）的模型缺陷，证明了理性在位厂商为实现利润最大化会采取独家交易的排他行为的结论。迈克尔·D·温斯顿（2007）也认可构建多卖方/买方的模型更具现

① 服装生产商 Standard Fashion 公司和服装零售商 Magrane – Houston 公司签订销售合约，规定后者只能销售前者的服装，不能同时出售其他公司的服装。

② Bork，R. H. 1978. The antitrust paradox：A policy at war with itself New York：Basic Books.

③ Segal，I.，and M. D. Whinston. 2000a. Naked exclusion：Comment. American Economic Review 90（March）：296 ~ 309.

实意义，对芝加哥学派的反驳也才更具说服力。[①] 但是，根据Malvel等对独家交易经典案例的研究[②]，被法院判决后的被告都失去了很大市场份额，这使得关于限定交易行为带来的效率和反竞争性的辩论一直在进行。

3. 搭售的相关理论与规制实践

在S－C－P分析框架下，哈佛学派关于搭售的逻辑是：在一个产品（搭售产品）上具有垄断地位的公司，能够通过搭售的方式，垄断另一个产品（被搭售产品）的市场，这一理论被形象的称为杠杆原理。Louis Kaplow认为，杠杆原理是指垄断者能够以搭售作为支点，将其在搭售产品市场上的垄断力量延伸至被搭售产品市场[③]。Areeda认为，杠杆原理是企业利用其在搭售品市场的力量，将垄断力扩张到另一产品市场，或者通过搭售扭曲或妨碍另一产品市场的交易自由与竞争而获利。总之，杠杆原理可以在不增加垄断力量和垄断力延伸的情况下，增加垄断公司的垄断利润。

由于结构主义关于搭售反竞争性的理论，直接导致早期美国最高法院认为垄断者企图利用搭售排除竞争者而垄断第二个市场，因此早期许多案例都以垄断力延伸而认为搭售是违法的，如Henry v. A . B. Disk Co. 案[④]，专利权人可将其专利权延伸至专利权所谓

---

① ［美］迈克尔·D·温斯顿：《反垄断经济学前沿》，张嫚、吴绪亮、章爱民译，东北财经大学出版社，2007年版，第100～101页。

② Marvel , H. P. 1982, Exclusive dealing. Journal of Law and Economics 25 (Spring): 1～25.

③ Louis Kaplow, Extension of Monopoly Power Through Leverage, 85 Colum. L. ReV. 515, 516, 517, (1955).

④ Henry v. A. B. Disk Co. 224 U. S. 1 (1912).

“保护”的物品上，使得垄断力延伸就成为判断搭售的一个核心。随着经济学理论的发展，杠杆原理被扩展到对垄断者市场策略的研究范畴，提出杠杆原理可以帮助垄断者达到排除竞争对手、提高竞争对手的成本、促进与竞争者的共谋、增加进入障碍、利用信息不对称获取利润，以及掠夺性定价的目的。

芝加哥学派对结构主义的搭售理论持批评态度，认为搭售能够为消费者提供便利和更低的交易成本，是垄断者市场力量无效率的使用，会导致对消费者更低水平的价格和更高水平的产出，并提出了“单一垄断”（Singel Monopoly Profit）的搭售理论①。其逻辑为：若厂商以同时购买被搭售产品作为出售垄断产品的条件，消费者通常会将被搭售品与搭售产品视为一个产品来衡量其价格，这时，搭售品便成了无此需求者的购买成本，这将导致被搭售品需求和利润的减少，但就总利润而言，搭售所能获得的利润与单独销售搭售产品的利润相等。② 至于搭售产品与被搭售产品的价格如何决定和分配，只要总价不超过保留价格，消费者便不会因此受到损害。③ 芝加哥学派认为，垄断者不能同时获得两个产品市场的垄断利润，搭售的真实动机是为了实施价格歧视。波斯纳支持这一观点：“基于大量的被搭售产品能够将购买者划分为或多或少

① Louis Kaplow , Extension of Monopoly Power Through Leverage, 85 Columbia Law Review 515, 517 ~ 518 (1985).

② Keith K. Wollenberg, An Economic Analysis of Tie – in Sales: Re – examining the Leverage Theory, 39 Stanofrd Law Review 737, 749 (1987).

③ Richard A. Posner, Antitrust Law: An Economic Perspective, 173; Robert H. Bork, The Antitrust Paradox: A Policy at War with Itself, 373 (1987).

对搭售产品有弹性需求的需求者的事实，搭售仅仅作为价格歧视的方法有意义。”①

后芝加哥学派认为芝加哥学派过于相信市场的自愈能力，采用了博弈论和信息不对称理论对搭售进行定量的分析，试图接受搭售对潜在竞争的限制。其逻辑是：如果搭售能够排挤和限制搭售品市场的潜在竞争者，或者帮助垄断者维护其在被搭售品市场的优势地位，则当搭售品市场是不完全竞争时，在被搭售品市场具有支配地位的企业有限制竞争的动机。也就是说，搭售尽管不是必定反竞争的，但却存在限制竞争的可能。

后芝加哥学派的思想得到一些反垄断规制部门的认可，如在 Eastman Kodak 案中后芝加哥学派的观点就得到了部分采纳，而相对于芝加哥学派，后芝加哥学派只是在对理论更精细的利用方面往前走了一步。

（二）经营者集中控制的理论与实践

哈佛学派关于市场壁垒理论以及对市场集中度与利润率正相关性的研究成果促使美国法院长期对经营者集中持谨慎态度，规制部门对集中的谴责集中体现在对“无过失分散化”立法的讨论②，其思想逻辑是：有些行业过于集中，超出了效率的要求，这

① ［美］波斯纳：《反托拉斯法》，中国政法大学出版社 2003 年版，第 234 页。

② “无过失分散化”的讨论最早来自于卡尔·凯森与唐纳·特纳 1959 年出版的《反托拉斯政策》，1968 年白宫反托拉斯政策小组提出来类似的提议，1972 年参议员飞利浦·哈特提出了议案实施“无过失分散化”议案。

些行业的龙头企业应该被拆分，以降低集中度，促进竞争。

但芝加哥学派对哈佛学派的分析进行了更接近经济现实的批判：一是有效竞争需要的企业数量并没有人们所想的那么多，任何垄断定价的企图都会被可能的市场进入而阻止，市场壁垒和阻碍进入的作用被哈佛学派所高估；二是集中度与利润率之间的相关性是较弱的，即便两者之间存在很强的相关性，也无法得出因果关系的结论。在没有深入分析以前，很难区分是高市场集中度导致了高利润率，还是规模经济导致了市场集中，多数实证分析颠倒了二者的因果关系①。

在兼并领域，传统的规制观点认为，横向兼并往往利于合谋，从而导致价格提高，纵向兼并则可能导致市场封闭，市场壁垒提高。在20世纪50～70年代，类似观点被过度形式化，规制部门常常对那些实质上可能没有市场集中条件的兼并行为进行谴责，而不去实际考察其可能的经济效果②。但这一规制思想得到了修正，在美国的《横向并购指南》和《非横向并购指南》中更多地考虑了兼并的实际效果。例如《横向并购指南》即要求考察是否存在效率改进，是否可能足够抵消并购对相关市场消费者的潜在危

① Meehan Jr J W, Larner R J. The structural school, its critics, and its progeny: An assessment [J]. Economics and Antitrust Policy, edited by J. Meehan and R. Larner. New York: Quorum Books, 1989. 10.

② 如著名的Brown shoes案中，沃伦大法官因为上游企业试图"迫使"下游企业购买美国制鞋行业约1%的总产量，进而谴责该并购。见Brown Shoe Co., Inc. v. United States, 370 U. S. 294 (1962)。

害[①]。这些改变往往被认为是受芝加哥学派的影响。

后芝加哥学派的单边效应理论对规制部门有较大的影响。单边效应分析的逻辑是：在存在产品差异的市场上，如果一项兼并导致价格普遍升高时，需进一步考虑是否是兼并企业的“单边行为”[②] 导致该结果。20 世纪 90 年代中期，由于能用数学模型量化和简化横向并购的单边效应，并能识别并购中的关键因素，并购模拟技术受到学者关注；但囿于数据对模拟结果的约束性、模拟模型对假设和模型选择的依赖性过高，模拟技术也存在着一定的局限性。另一项常用于并购的经济学方法为“自然实验”，在某些情况下，该方法只需要较少的假设条件就能得出明确的实证评估。如今，几乎所有引人关注的集中审查都将类似的理论模型或实证研究作为评价兼并影响的重要证据。

关于集中导致的横向限制问题，特别是具有市场支配地位企业的横向限制，规制部门与经济学家提出了一系列的测试标准，包括牺牲测试、同等效率竞争者测试、消费者损害测试[③]，等等。其中大部分测试事实上都以掠夺性定价范式为基础[④]，它涉及降低

---

① Horizontal Merger Guidelines，https：//www. ftc. gov/sites/default/files/ attachments/merger - review/100819 hmg. pdf.

② 有关单边效应理论的细节见 Farrell J. Shapiro C. Horizontal mergers：an equilibrium analysis ［J］. The American Economic Review，1990：107 ~ 126；Werden G J，Froeb L M. The effects of mergers in differentiated products industries：Logit demand and merger policy ［J］. Journal of Law，Economics，& Organization，1994：407 ~ 426。

③ 对部分测试的讨论见 Vickers J. Abuse of Market Power ［J］. The Economic Journal，2005，115（504）：244 ~ 261。

④ 有关该范式的阐释见 Posner R A. Antitrust Law：An Economic Perspective ［M］. 2001。

价格以将竞争对手排挤出相关市场的行为。有关折扣的著名案例 LePage（2004）案[1]中法院对“同等效率竞争者”产品的价格比较即使用了典型的掠夺性定价范式，而欧盟竞争委员会有关滥用市场支配地位的指南亦对类似测试表示肯定。

（三）垄断协议的规制理论与实践

根据中国《反垄断法》第二章的相关规定，垄断协议是指排除、限制竞争的协议、决定或者其他协同行为。具体表现为：固定价格、限定生产、分割市场、限制交易和生产、联合抵制交易等。

共谋是一种相对隐蔽且规制难度比较大的垄断协议实现方式，可以分为明示和默示两种。卡特尔是明示合谋协议，串谋和默契合作是默示共谋。共谋的反竞争性在于竞争者之间达成关于价格或产量的协议，但随着经营模式的不断推陈出新，共谋者达成的协议已经覆盖价格、产量、产品特性、广告研发等各种策略变量。虽然芝加哥学派认为，高垄断利润会吸引大量新竞争者的进入，从长期看高额利润并不会持久，但共谋对竞争的短期抑制同样会给企业带来收益。

迈克尔·D·温斯顿（2007）指出，尽管关于价格操纵的领域是反垄断公认争议最少的领域，但这一领域恰恰是经济理论之政策基础最为薄弱之处。对此，部分经济学家辩解说，沟通容易导致合谋，而合谋提升效率的结论难以验证或极其罕见，由此合谋

---

① LePage′s Inc. v. 3M，324 F. 3d 141（3d Cir. 2003），cert. denied，124 S. Ct. 2932（2004）.

反竞争性的效率抗辩很难得到支持。近几年，当效率成为单一规制目标后，规制部门减少了对排挤性行为的敌视，也使得类似犹他馅饼（1967）案中企业因降价协议而被判定妨碍竞争等具有争议的案例越来越少，但大部分规制机构依然保持对价格操纵行为的极大关切。但是，固定价格（price fixing）作为一种价格操纵行为，就一直是反垄断关注的重点。虽然关于价格操纵的探讨在20世纪70年代之后消沉过一段时间，但随着高果糖玉米糖浆案（2002）等新判例的出现，以及后芝加哥学派更细致深入的研究，关于固定价格的研究又开始展开。

在20世纪80年代之前，美国法院对于转售价格限制、独家交易、搭售、特许经营等纵向协议一直抱有敌意。芝加哥学派引领的“芝加哥革命”完全扭转了这一局面，以GTE Sylvania（1976）案为转折，纵向协议逐渐由适用本身违法原则向合法原则转变。事实上，芝加哥革命正是发端于对纵向排他行为的研究。早期很多有关纵向限制的案件都体现出对“杠杆作用”的担心，即认为垄断者能够通过杠杆策略（如威胁拒绝交易），将一个市场的市场力量延伸到另一个市场。芝加哥学派提出单一垄断利润（SMP）理论反驳这种“杠杆理论”。该理论认为，垄断者只需垄断产品市场收取垄断价格，同时允许纵向的其他市场竞争，就可以获得全部垄断利润；其他市场竞争的减少还会提高产品价格从而降低销量，故垄断者没有激励去实施杠杆策略①。根据SMP理论可以进一

---

① Bowman Jr W S. Tying arrangements and the leverage problem［J］. Yale Lj，1957，67：19.

步推出纵向协议必然出于效率考虑，故而本身合法，这一观点被许多学者证明过于极端①。

经济学的应用同样促使规制部门改变对品牌内部限制的严厉态度。自 1911 年的 Dr. Miles Medical 案②以来，维持转售价格（RPM）长期被判定为本身违法，然而，芝加哥学派发起人之一 Tesler 认为，RPM 事实上是为了防止“搭便车”的行为，如果零售商可以自由定价，那些对广告、购物环境、人员投资较少的零售商可以搭那些投资较多的零售商的便车，长此以往，将没有零售商愿意提供优质服务③。学术界对“搭便车”解释有不少非议④，但多数经济学家都同意为零售商投资提供激励的纵向分销安排往往会带来经济效率。在 2007 年的 Leegin 案⑤中，最高法院将最低转售价格限制由适用本身违法原则转向适用合理原则。

从实践来看，波斯纳法官建议对所用纵向排他行为适用掠夺性定价范式的同等有效进入标准（EEE）⑥。许多学者认为该范式过于宽松，一个重要的问题是：只要企业的行为使得其价格在成

① 如 Whinston M D. Tying，foreclosure，and exclusion［R］. National Bureau of Economic Research，1989. Economides N. Tying，bundling，and loyalty/requirement rebates［J］. 2011。

② Dr. Miles Medical Co. v. John D. Park & Sons Co. 220 U. S. 373（1911）.

③ Telser L G. Why should manufacturers want fair trade［J］. Journal of law and economics，1960：86 ~ 105.

④ 如 OSTER M. The FTC vs. Levi Strauss：a case of vertical restraints［J］. Lafferty RN et al，1984。

⑤ Leegin Creative Leather Products，Inc. v. PSKS，Inc.：127 S. Ct（2007）.

⑥ 有关这一标准的不同阐释见 Posner R A. Antitrust Law：An Economic Perspective［M］. 2001；Heyer K. A world of uncertainty：Economics and the globalization of antitrust［J］. Antitrust Law Journal，2005：375 ~ 422。

本之上就一定不违反《反垄断法》吗？最经典的解答来自所谓RRC（提高竞争对手成本）理论，它涉及提高竞争对手成本使得竞争对手价格提高或产量降低的行为，认为类似行为可以使企业提高价格或增加市场份额，从而排斥竞争或危害消费者福利。RRC范式在近年来很多案例中得到认可，如Microsoft案和Dentsply案①。

四、行政垄断的规制理论及实践

行政垄断与经济垄断最重要的区别在于：形成的原因和使用的手段。从根源来看，行政垄断必须使用行政手段，不管是直接的行政干预，还是通过制定法律、法规和规范性文件，都离不开行政力量的支撑。离开了行政力量的支持，进行垄断的经济主体就无法具有垄断力和控制力。因此，对于这类垄断多需要通过体制机制改革等自上而下、大刀阔斧式的规制模式。

（一）行政垄断的规制理论

于良春构建了一个行政垄断的三级分类标准。② 一级标准主要分为地区性行政垄断和行业性行政垄断；二级分类标准将地区性垄断分为职权、越权、授权等三种类型，将行业性垄断分为不当、

① United States of America v. Microsoft Corporation, 253 F. 3d 34 (D. C. Cir. 2001); United States of America v. Dentsply International, Inc, 399 F. 3d 181 (3d Cir. 2005).

② 于良春：《反行政性垄断与竞争政策的若干思考》，见于《反行政垄断与促进竞争政策前沿问题研究》，于良春主编，经济科学出版社2008年版，第17~35页。

立法及规范等三种类型；三级分类标准分为直接、间接、组织和个体四种类型。然而在经济现实中，这些分类和标准之间存在交叉和混合，很难截然分开。

于良春等进一步采用制度经济学及微观经济学的分析框架，就中国行政性垄断的根源进行研究，提出了一个在位厂商和政府部门之间的制度运行的假说。[①] 根据该假说，在位厂商不是通过苦练内功提高生产效率去增强竞争力、获取更多的市场份额，而是花大力气去争取行政力量来保护自己，以降低竞争的强度。而作为拥有公权力的政府部门，出于自身利益的考虑，非常乐意和在位厂商达成合作，利用手中的权力为在位厂商提供制度壁垒的保护，使得潜在的竞争者无法进入。余晖的论述为达成这种默契的可能性提供了更详尽的诠释，他认为规制者和立法者追求税收和效用最大化，而不必在意选票的最大化。[②] 王建平的分析也支持了这一点，他根据奥尔森的理论，将行业主管部门归为特殊利益集团，潜在进入者归为潜在利益集团，中级利益集团则是在位厂商。[③] 在各方利益博弈中，特殊利益集团和中级利益集团关系特殊，非常纠结，两种关系表现为既对抗又合作，天平的偏向决定于改革的方向和程度。而奥尔森关于利益集团行动的解释是，

---

① 于华阳、于良春：《行政垄断形成根源与运行机制的理论假说——基于制度需求供给视角》，载于《财经问题研究》，2008 年第 1 期。

② 余晖：《受管制市场里的政企同盟——以中国电信业为例》，载于《中国工业经济》，2000 年第 1 期。

③ 王建平：《行政垄断下利益集团的博弈》，见于《反行政垄断与促进竞争政策前沿问题研究》，于良春主编，经济科学出版社 2008 年版，第 78 ~ 87 页。

集体行动的成功具有公共性，所有集团成员都能从中受益，包括那些没有分担集体行动成本的成员，这种不合理的成本收益结构导致诸如“搭便车”的行为。因此，“搭便车”效应使理性、自利的个人一般不会为争取集体利益而作贡献。[①] 后来，奥尔森的这一理论发展成非合作博弈重要的组成部分——多人囚犯两难博弈。

（二）行政垄断的规制实践

虽然在实行联邦制的国家，也会面临地方州政府的贸易保护行为和限制竞争问题，而且治理行政垄断在有的国家还上升到了制定和实施国家竞争政策的高度。但由于政治体制和经济体制的差异，西方国家的行政垄断问题远不如中国那么突出和复杂。

Kirktikumar Mehta 分析了欧盟的国家援助制度[②]，指出，欧盟一般不会禁止国家援助行为，同时，欧盟反垄断政策对应该被严格禁止的国家援助行为种类作了明确的规定，其出发点是要维护欧盟的一体化统一市场。[③] 戴龙介绍了俄罗斯和日本反行政垄断的政策措施，其中，俄罗斯与中国同属转型国家，但遗憾的是，俄罗斯对行政垄断的司法处置目前处于混乱、无为的状态；日本是产

① The Logic of Collective Action：Public Goods and the Theory of Group，Harvard University Press，2nd ed. 1971.

② 该制度主要是指以国家资源的形式对国有企业或者私人企业施以援助，使得其获得潜在的不公平的优势，从而损及相关竞争者的利益。

③ KirktikumarMehta：《欧盟国家援助的新发展》，见《反垄断法实施中的重大问题》，王晓晔主编，社会科学文献出版社 2010 年版，第 303 ~ 307 页。

业政策的发起者和推行者，为了克服行政垄断的弊端，日本《防止官制串通法》（2002）规定了对于违法官员的处理措施，与中国处理行政垄断责任人的方式方面有相似之处[①]。

姜付秀、余晖采取实证研究的方法，从静态和动态两个角度，利用多个行业的数据，对比分析了行政垄断行业职工收入与其他行业职工的收入，旨在考察行政垄断的收入分配效应。得出的结论是，其他行业的职工工资要远远低于行政性垄断行业，而且这种趋势并没有随着经济发展而发生改变和逆转，一定程度上引发了社会收入不公现象。[②] 王俊豪、王建明认为，行政垄断不仅可能导致低效率的企业管理（X 低效率）、扩大收入不公和收入差距，还会滋生腐败和寻租、阻碍技术进步等。[③] 而过勇、胡鞍钢认为行政垄断所致的腐败是最严重的腐败形式，已经远远超过官员腐败带来的损失。[④]

于良春认为行政垄断的一个重要诱因是政治激励设置不当，规制权力过大、不同利益集团的相互博弈都是行政垄断的原因。通过对行业性行政垄断和地方性行政垄断的分析，发现其诱发机制和原因具有差异性，所以，寻求治理方法和措施应从根本入手，

---

① 戴龙：《论限制性限制竞争行为规制的制度选择》，见《反垄断法实施中的重大问题》，王晓晔主编，社会科学文献出版社 2010 年出版，第 322 ~ 340 页。

② 姜付秀、余晖：《中国行政性垄断的危害——市场势力效应和收入分配效应的实证研究》，载于《中国工业经济》，2007 年第 10 期。

③ 王俊豪、王建明：《中国垄断性产业的行政垄断及其管制政策》，载于《中国工业经济》，2007 年第 12 期。

④ 过勇、胡鞍钢：《行政垄断、寻租与腐败》，载于《经济社会体制比较》，2003 年第 2 期。

才能治标又治本。[1] 于立、吴绪亮认为《反垄断法》不是解决行政垄断的最佳方案，正如《公司法》不能解决国有独资公司的问题一样。他们认为，对于垄断要区别对待，对症下药，对于行政垄断需要行政特殊法去解决。[2] 但戴龙认为，在现有的《反垄断法》框架内反行政垄断还是大有可为的，从日本等国家的经验看，能够发挥一定的积极作用。[3]

到目前为止，鉴于行政手段和力量是超经济的，使得经济分析似乎对行政垄断无能为力。政府可以通过歧视性政策甚至直接通过行政性命令设置进入门槛，使企业可以不需要参与任何竞争就能获取市场主导地位，是有违公平竞争原则和理念的，诸如地方保护和行业垄断等在中国是相对突出的问题。而国外的行政垄断主要是指地方保护主义，也已在宪法和法律条文中予以明令禁止，特别是那些实行联邦制的国家，反对地方保护主义的态度十分明确。如美国《谢尔曼法》第 1 条、第 2 条反对一切限制贸易的协定和政策，不仅针对私人，也针对地方政府的行为，但美国文化崇尚自由竞争，因此美国联邦贸易委员会和司法部对于州和地区性的限制竞争的政府行为倾向于“劝导性”的执法模式，提出执法意见、进行全面监督。欧盟则通过制定和推行市场法律和

① 于良春：《反行政性垄断与竞争政策的若干思考》，见《反行政垄断与促进竞争政策前沿问题研究》，于良春主编，经济科学出版社 2008 年版，第 17～35 页。

② 于立、吴绪亮：《产业组织与反垄断法》，东北财经大学出版社 2008 年版。

③ 戴龙：《论限制性限制竞争行为规制的制度选择》，见《反垄断法实施中的重大问题》，王晓晔主编，社会科学文献出版社 2010 年版，第 322～340 页。

内部政策，追求最低程度的贸易限制，这种市场共同体理念受到政治领袖和公众的广泛认同，如《欧洲联盟运作条约》第三部部分规定了内部市场、货物的自由流通，包含了关税同盟，人员、服务、资本的自由流通等，旨在成员国之间建立一个自由共同市场。澳大利亚政府在减少政府对竞争限制方面取得了显著成效，相关政策也最为系统。[①] 该国反行政垄断的模式受到经合组织的推崇及墨西哥等国家的效仿。1991 年澳大利亚制定的《国家竞争政策》被认为是一部专门反行政垄断的法规，同时，澳大利亚宪法第 92 条规定："……州之间的贸易、商业和通商……必须完全自由。"

总而言之，为了反对行政限制、保护公平竞争，西方国家关于排除、限制州际贸易竞争的法律条文在整个国家法律体系中一般处于非常重要的地位，体现在最高效力层次的宪法、国家竞争政策和国家间条约等法律制度中，有时被称为"超级法律"。即使一些州的做法和政策没有违反宪法规定，但只要存在限制州际贸易自由进行的情况，联邦政府会要求各州之间相互承认对方政策，同时对某些监管领域制定统一的全国政策。这些措施会在一定程度上缓解地方保护主义的危害，减少其负面影响。

相比较而言，中国的行政垄断有其特殊背景，一是经济体制的转型、发展和变革带来的各种错综复杂问题；二是计划经济遗

① ［澳］艾伦·费尔斯：《行政垄断的规制——中国、澳大利亚、美国和欧盟之比较》，见《反垄断法实施中的重大问题》，王晓晔主编，社会科学文献出版社 2010 年版，第 311 页。

留问题和二元经济结构的经济现实，使得中国反行政垄断的道路更加艰辛。虽然《反垄断法》就行政垄断有明文规定，但仍需要坚强的政治支持和保障，需综合考量中国经济现实和行业发展规律，切实树立社会公平竞争意识，才能真正解决中国行政垄断的难题。

反垄断规制目标一般包括经济目标、社会目标和政治目标，但它们并不总是一致或并驾齐驱的。如南美等地，反垄断规制是为了促进国家计划控制向自由化和私有化转移①。美国反垄断规制部门则根据个案的不同，会充分权衡各种经济因素，给定规制目标，通过产出－价格理论进行严密的分析推理，进而认定垄断行为的违法性。如对搭售行为的分析中，美国因以消费者福利为执法目标，而采取了更为宽松的规制手段。但从欧盟目前的反垄断执法情况看，它们接受了大部分保守主义经济学家所支持的观点，把“效率”作为反垄断规制的政策目标，认为效率改进必然会带来消费者福利或总社会福利的提高，而且单一的政策目标也使得政策的一致性与可预测性成为可能。然而，垄断案件的复杂性、特殊性和相关规制理论的发展完善，使这一观点至今仍充满争议。笔者认为，造成规制目标的分歧或多样化的原因在于经过哈佛学派的S－C－P分析范式、芝加哥学派的价格理论到后芝加哥学派的博弈分析，相关规制理论本身在不断地发展和完善，使反垄断

① ［英］马赫·M·达芭：《反垄断政策国际化研究》，肖兴志等译，东北财经大学出版社2008年，第39页。

规制可依赖和使用的经济分析工具更加丰富，而不同的经济分析思想反过来也对规制目标的选择产生了导向性或决定性影响。如2009年9月，美国司法部放弃拆分微软公司的决定，于同年11月双方达成临时性协议，宣布庭外和解，使得历时4年的微软捆绑IE的垄断行为指控以温和的妥协画上句号；但同为英美法系的欧盟委员会，则于2001年开出了6亿美元罚单。这某种程度上印证了戴维·J·伯格尔的观点，反垄断法是一个特殊的认识论问题，一方面它包含各种各样彼此关联的价值、目标和视角，另一方面许多经济因果问题在它的运用中至关重要，往往既复杂又充满不确定性①。

五、自然垄断与垄断性行业的关系

本章将在集中探讨规模经济、马歇尔冲突、自然垄断等概念的基础上，深入探讨垄断性行业的基本特征。

（一）垄断性行业具有明显的规模经济特征

研究发现，垄断性行业具有明显的规模经济特征。我们可以从规模报酬和长期平均成本两个方面来理解规模经济的内涵。

生产理论中的规模报酬分析涉及的是企业的生产规模变化与产量变化之间的关系。在齐次生产函数下，规模报酬变化是指在

① ［美］戴维·J·伯格尔：《二十世纪欧洲的法律与竞争》，冯克利、魏志梅译，中国社科出版社2004年版，第12页。

其他条件不变的情况下，企业内部各种生产要素同时、同比例增加所引起的产量变化。企业的规模报酬变化可以分为规模报酬递增、规模报酬不变和规模报酬递减三种情况。

当产量增加的比例大于各种生产要素增加的比例时，称之为规模报酬递增。即对于生产函数 $f(L, K)$，若有 $tf(L, K) < f(tL, tK)$，$(t > 1)$，则说明该生产函数为规模报酬递增的生产函数。产生规模报酬递增的原因主要是企业生产规模扩大所带来的生产效率的提高。一般说来，企业的规模报酬变化呈现出如下的规律：当企业从最初的很小的生产规模开始逐步扩大的时候，企业面临的是规模报酬递增的阶段。在企业得到了由生产规模扩大所带来的产量递增的全部好处以后，一般会继续扩大生产规模，将生产保持在规模报酬不变的阶段。在此之后，企业若继续扩大生产规模，就会进入一个规模报酬递减的阶段。

规模报酬分析的是投入和产出之间的关系，而规模经济更强调的是产出规模扩大与成本变化之间的关系，是建立在长期的、动态的基础之上的。经济学家常常把规模经济定义为由于生产规模扩大而导致长期平均成本（LAC）降低的情况。即当长期边际成本 LMC < LAC 时，存在着规模经济。与规模经济相对应，当生产扩张到一定的规模以后，若厂商继续扩大生产规模会导致长期平均成本上升，此时就开始出现规模不经济。规模经济和规模不经济决定了长期平均成本曲线呈现出先下降后上升的“U”型特征，长期生产的规模报酬作用是引起规模经济和规模不经济的主

要原因。有些经济学家还以“学习效应（learning effects）”和“范围经济（economies of scope）”[①] 来解释长期平均成本下降的原因。

垄断性行业具有明显的规模经济特征，主要表现在下述两个方面。

一是垄断性行业的投资规模巨大，并呈现出规模报酬递增的趋向。垄断性行业的固定资本投入非常庞大，只有在达到一定的生产规模之后才能分摊这些成本，否则就是生产无效率的。以这一“最小有效规模”为起点，伴随着生产规模的进一步扩大，垄断性行业会获得递增的规模报酬，在很高的产量水平上才会进入规模报酬递减的阶段。

二是垄断性行业的长期平均成本曲线更多呈“L”型，而不是标准微观经济分析中的“U”型。西方经济学家近些年来的经验性研究表明，在大多数行业的生产过程中，企业在得到规模经济的全部好处之后，规模不经济在很高的产量水平上才会出现。也就是说，下降的LAC曲线需在经历很大范围的产量变化以后，才会转变成上升的LAC曲线。垄断性行业的这一特点尤为突出。垄断性行业生产技术的固定成本非常高，而传输网络一旦建成后，每多生产一单位产品的边际成本则很小，并呈递减状态。于是长期边际成本曲线总是处于长期平均成本曲线之下，随着产量的增加，平均成本便不断下降，这使得垄断性行业的长期平均成本曲线基本都呈现出“L”型，显示出了明显的规模经济特征。例如，电网

① 范围经济是指：在相同的投入下，由一个单一的企业生产关联商品，比多个不同企业分别生产这些关联商品中的一种商品，生产效率要高，也就是单位商品的长期平均成本要低。

在筹建时需投入大量的固定成本，但在建成之后，增加输送一单位电的边际成本是微不足道的。因此，随着输电量的增加，输电的平均成本便不断下降。

（二）规模经济与自由竞争之间存在两难选择：马歇尔冲突

经济学大师阿尔弗雷德·马歇尔（Alfred Marshall）于1890年出版了《经济学原理》一书。在这本经济学名著中，马歇尔不仅继承了亚当·斯密的自由经济思想，还扩大了自由经济的内容，并把自由形成合作或联合包括其中，在萨伊的生产三要素即劳动、资本和土地之上，增加了第四要素——组织。马歇尔之所以把“组织”作为生产的第四要素是因为他在研究分工与机器、某一地区特定产业的集中、大规模生产及企业的经营管理、企业形态等问题时，触及了“规模经济”问题。他认为规模经济是和产业组织直接相关的。

围绕规模经济的产生原因，马歇尔提出了“内部经济”和“外部经济”两个概念。马歇尔说：“我们可把因任何一种货物的生产规模之扩大而发生的经济分为两类：第一是有赖于这工业的一般发达的经济；第二是有赖于从事这工业的个别企业的资源、组织和经营效率的经济。我们可称前者为‘外部经济’，后者为‘内部经济’。”①

马歇尔还进一步探讨了内部经济与外部经济之间的关系。他

① ［英］马歇尔：《经济学原理》（上卷），商务印书馆1981年版，第279页。

认为，不断形成和发展的经济，对于单个厂商来说，虽然是外部经济，但是对于某一个产业或某个产业集团来说，则都是内部经济，甚至对于小厂商来说也是适用的。因为把全部具有相同性质的中小厂商集合起来（即马歇尔所说的“工业区”），并且对生产过程中各个阶段进行专业化和分工，就实现了作为巨型企业特征的规模经济生产。这样外部经济向内部经济动态的转化，就使得所有的制造产业都表现为规模收益递增，产品单位成本不断下降，市场占有率不断提高，其结果必然导致市场结构中的垄断因素增强，而垄断的形成又必然阻碍竞争机制在资源合理配置上所发挥的作用，使经济丧失活力，从而扼杀自由竞争。因此，规模报酬递增与自由竞争不可兼容，二者之间的冲突就是规模经济与自由竞争的矛盾，这就是西方产业组织理论中著名的马歇尔冲突（Marshall's dilemma）。马歇尔冲突既是古典经济理论内在矛盾发展的必然结果，又是现实经济中垄断与竞争之间的矛盾在经济理论上的反映。如何发挥竞争机制的作用，以确保经济活力，同时又能充分发挥大规模生产的优势，亦即如何兼容竞争活力和规模经济性，由此就成为产业组织理论中的一个核心问题。围绕垄断与竞争、规模经济与竞争活力之间矛盾的争论，一直延续到了现在。

马歇尔冲突在垄断性行业中直观的表现就是自然垄断（Natural Monopoly）。由于垄断性行业具有规模经济，长期平均成本曲线更多呈“L”型，在某些情况下，在一定产量范围内由一家企业进行生产最有效率，这就导致了自然垄断的产生。史普博

（Spulber，1999）给自然垄断下的定义是："自然垄断通常是指这样一种生产技术特征：面对一定规模的市场需求，与两家或更多的企业相比，某单个企业能够以更低的成本供应市场。自然垄断起因于规模经济或多样产品生产经济。"萨缪尔森和诺德豪斯在其《经济学》教科书中认为："当存在着如此强有力的规模经济或范围经济以致只有一个厂商能生存时，就会产生自然垄断。"因此，自然垄断的定义可概括为：如果由一个厂商生产整个行业产出的生产总成本比由两个或两个以上厂商生产这个产出水平的生产总成本低，这个行业就是自然垄断的。当存在自然垄断时，垄断性行业具有生产效率，但丧失了分配效率，缺乏市场竞争活力，即存在着典型的马歇尔冲突。如何有效解决马歇尔冲突，是困扰各国政府的一道难题。

（三）沉淀成本及其对垄断性行业的影响

与规模经济相伴而生的是垄断性行业巨大的沉淀成本（sunk cost）。沉淀成本又称"沉没成本"，是指过去发生的并在将来任何条件下都无法避免或改变的成本支出。它通常是厂商在传输网络譬如互联网、电信网络、石油和天然气管道、电力输配网、供水网络等，以及相关的交换设备上花费的固定成本。由于资产的专用性，这些资本一旦投入垄断性行业就很难收回，也很难改为其他用途。从决策角度看，凡是过去发生的、又不因决策的变动而有所改变的成本支出，就是沉淀成本。这是沉淀成本的主要含义。

从固定生产要素的无形损耗程度看，沉淀成本是指过去购买的固定要素（如网络设备），因技术进步或产品的更新换代而引起贬值，其账面价值下降却无法得到补偿的那部分金额。当然，沉淀成本也受到市场需求和技术变化的影响。市场需求的增加使得沉淀成本占总收入的比例变小，会使垄断性行业更趋向于“可竞争”。技术变化也可能降低对非再生性资本投资的需要。

沉淀成本的存在对垄断性行业造成了很大的影响。与巨额沉淀成本相关的投资风险构筑了行业进入壁垒，有可能造成垄断性行业的投资不足。鲍莫尔（Baumol）指出，沉淀成本越重要，进入市场的风险就越大，同时作为进入障碍之一的规模经济就越显得重要。另外，巨额沉淀成本的存在还意味着生产和传输设备的非再生性重复投资不尽合理。因此，可能需要对垄断性行业进行价格规制以使投资者得到合理的回报，不仅如此，还需要限制企业进入的数量以避免对沉淀成本的过度投资。不过，沉淀成本本身并不足以导致政府对垄断性行业的价格和市场进入进行规制。许多竞争性产业同样存在着巨大的沉淀成本，如资本密集型产业（汽车、钢铁、机械）和技术密集型产业（IT、电子）都承受着相当大的沉淀成本。尽管这些产业中的企业负担着很大的沉淀成本，但仍然有多家企业，而不是一家或少数几家企业提供市场服务，并经常发生竞争性的市场进入和退出。所以，尽管沉淀成本被视为一种行业进入壁垒，但它不一定排除或妨碍竞争，并非是进行政府管制的充分条件。

（四）自然垄断概念的发展演进

自然垄断传统定义的前提假设是一个企业只生产一种产品。在经济实践中，人们发现，对自然垄断的传统认识不够全面，因为一个企业只生产一种产品的假设与实际情况不符。在现实经济中，一个企业生产多种产品的情况是非常普遍的。因而，必须把规模经济、自然垄断的概念和相关命题扩展到多产品情况。

对自然垄断的新认识始于对成本次可加性（Subadditivity）① 和范围经济的研究。1982 年，鲍莫尔、潘泽和威利格这三位经济学家出版了《可竞争市场和产业结构理论》一书，用范围经济和成本次可加性重新定义了自然垄断。他们的定义如下。

假设有多种产品和多个企业，任一企业可以生产任何一种或多种产品。企业 j 生产 y^i 数量的产品。如果对任意的产出向量 $y^1, y^2, \Lambda, y^k, 0 < y^j < y, y^j \neq y, j = 1, 2\Lambda, k, \sum_{j=1}^{k} y^j = y$，有 $C(y) <, \sum_{j=1}^{k} C(y^j)$ 成立，则称成本函数 C（y）在产出水平 y 具有严格次可加性。即当单一企业生产所有各种产品的总成本小于多个企业分别生产这些产品的成本之和时，企业的成本函数就具有严格次可加性。

在所有相关产出范围内，如果企业的成本函数都具有次可加性，则该产业被称为自然垄断产业。或者说，在所有产出水平 y 的范围内，对任意的 $y' \leq y$，成本函数都具有次可加性，则该产业是自然垄断产业。

---

① 也可称为“成本弱增性”或“劣加性”。

在上述定义的基础上，鲍莫尔、潘泽和威利格证明了在单产品情况下，如果在所有产量区间范围内的每一点都存在规模经济，则在每一点成本函数都具有严格的次可加性，即该产品是自然垄断生产；反之未必成立。也就是说，单产品情况下每一产出水平都存在规模经济只是该产品自然垄断生产的充分而非必要条件。这一命题的含义是：即使在单产品情况下，如果只是在一定产量区间范围内存在规模经济，并不一定能得到该产品自然垄断生产的结论，必须在任意产出水平都存在规模经济时，才能保证该产品是自然垄断生产。另外，某种产品是自然垄断生产，并不是说该产品的生产过程一定是规模经济的，在规模不经济的阶段，只要一个企业生产行业全部产出的成本低于两个或两个以上企业生产同样总产出水平的成本，那么该产品就是自然垄断生产；而这时企业的生产可能处于规模经济阶段，也可能处于规模不经济阶段。

与单产品情况不同，在多产品情况下，规模经济自身并不能导致成本次可加，只有在规模经济与范围经济同时存在时，才可能存在成本次可加性，进而得出自然垄断的结果。鲍莫尔等经济学家证明，在多产品情况下，规模经济既不是自然垄断的充分条件，也不是自然垄断的必要条件。或者说，多产品情况下，在任意产出水平，规模经济既不是成本函数严格次可加性的充分条件，也不是成本函数严格次可加性的必要条件。因此，多产品自然垄断的成本次可加性主要表现为范围经济性，一家企业生产多种产品能获得生产与分配的纵向统一利益和对多种用户提供多种服务的复合供给利益。

通过上述分析可以看出，即使没有规模经济的作用，即使平均成本上升，但只要单一企业供应整个市场的成本小于多个企业分别生产的成本之和，即存在成本函数的次可加性时，该产业就仍然是自然垄断产业。这种对自然垄断的理解获得了经济学界的广泛认同。鲍莫尔等经济学家之所以重新定义自然垄断，一是为了克服原来传统描述性定义的不足，实现定义的严格化；二是把自然垄断的定义扩展到多产品情况，以便更好地解释现实经济生活。

（五）对自然垄断认识的深化为垄断性行业改革奠定了基础

在上面的分析中，我们对自然垄断的概念进行了剖析。下面，再对自然垄断的特征做进一步的考察。

第一，自然垄断是一定技术和需求条件下的现象。自然垄断并不是永恒的，它只是一定技术和需求条件下的现象。受技术进步、市场需求变化和制度环境的影响，垄断性行业中自然垄断的边界会发生动态变化，原先由一个企业进行生产最有效率的产业，也需要引入竞争，出现多家企业共同竞争的格局，从而打破原先的自然垄断。

供给结构和需求结构共同决定了市场容量大小以及在一定市场容量下最有效率的厂商数量，正如施蒂格勒（1996）所说：“成本函数和需求函数的变化必然改变社会最优价格”，使得“在社会最优价格水平上有效率企业规模相对于市场需求而言变小了”。当市场需求量超过成本次可加性范围后，就破坏了自然垄断性成立的充要条件，此时应该允许新企业进入，由多家企业竞争性经营，使原来的垄断性市场结构变为寡头垄断性市场结构或垄断竞争性市场结构。实际上，技术变化和需求变化是共同内生于经济发展过程中的，二者相互促进、相互影响，并通过多种渠道和途径的交互作用，推动自然垄断产业边界的变化和调整。

第二，自然垄断只存在于特定的环节。自然垄断呈现出强自然垄断、弱自然垄断等不同的形态。同时，从静态角度看，电信、电力、铁路运输等垄断性行业虽具有自然垄断特征，但并不等于这些行业中的所有业务都是自然垄断的。多数学者认为，这些行业的固定网络性操作业务，如电力产业的输电、配电网络，属于自然垄断性业务范围，而网前产品的生产与服务、网后产品的服务业务则大部分属于非自然垄断性业务。因此，政府必须正确把握自然垄断的静态边界和动态边界，区分不同产业中的自然垄断性业务和非自然垄断性业务，在考虑这两种业务是否具有垂直一体化范围经济的情况下，制定区别对待的可分拆或不可分拆的政策。

第三，自然垄断与其他类型的垄断成因不同。垄断是经济学家在传统上认为政府应该实行经济规制的主要原因。垄断主要有三种类型：自然垄断、行为垄断（behavioral monopoly）和法定垄断（statutory monopoly）。上面我们已经分析了自然垄断，它是在一定技术条件下自然形成的；而行为垄断和法定垄断则与之不同，有一定的人为因素。

行为垄断的产生是因为市场上存在不止一个而是若干个企业，但是企业数量不够多，它们之间意识到相互依赖性，每一个企业都知道垄断利润总是大于竞争利润，所以它们有一种组成卡特尔的积极性，于是就联合起来，制订高于正常水平的价格。这种垄断定价方式既损害了消费者的利益，也使资源无法实现有效配置。反托拉斯管制主要就是针对行为垄断。

如果一国的法律法规规定只能由一个企业来生产某种产品或提供某项服务，那就形成了法定垄断。法定垄断不是在自由竞争的基础上形成的，它带有政府保护的色彩。自然垄断现象是实行法定垄断的原因之一，因为在成本函数次可加性条件下，让一个企业生产是最有生产效率的，政府可以通过立法或实行进入规制来保证只存在一家企业。但实际上，这种保护是多余的，因为在真正的自然垄断情况下，其他企业由于生产成本高，没有规模经济，一般不会进入市场，即使进入市场也无法与在位企业相抗衡。在市场竞争中形成的一家企业对市场的独占，被穆勒在150年前称为“自然的”垄断。这里所谓“自然”，意指没有禁止竞争，而只是竞争过程中的一个自然结果。从垄断性行业的发展历程可以看出，真正的自然垄断是市场竞争而不是政府干预的结果，它没有也不可能完全消灭潜在的市场进入者。所以说，由政府授权取得的垄断根本有别于通过市场竞争形成的自然垄断。

六、开展垄断性行业改革的基础：成本与需求变化产生影响

从前面分析可以看出，供给与需求两方面共同决定了市场容量大小以及在一定市场容量下最有效率的厂商数量。改革开放以来，以信息技术为代表的技术创新极大地推动了中国垄断性行业的发展，同时也使各个垄断性行业发生了深刻的内在变化。在技术创新带来的成本节约、经济发展带来的需求扩张等因素的影响下，垄断性行业中自然垄断的边界日趋缩小，一定程度上改变了垄断性行业自然垄断特征。垄断性行业的内在变化使之也成为可以引入竞争的产业，客观上要求进行经济体制改革。

（一）成本变化带来的影响

技术创新会改进企业的生产技术，使企业的成本结构发生变化，进而影响到企业有效生产规模和社会最优产出水平。

设成本函数为：$C(Q) = FC + VC(Q)$

企业的平均成本是：$AC(Q) = AFC + AVC(Q)$

平均成本曲线 $AC(Q)$ 如图 1.1 所示。当产量小于 Q' 时，企业将享受到规模经济的好处。如果技术创新使得固定成本下降，平均成本也会下降，平均成本曲线从 $AC(Q)$ 移动到了$\overline{AC}(Q)$，那么，企业的有效生产规模就从 Q' 下降到了 $\overline{Q}$，社会最优价格也从 P^* 下降到 $\overline{P}$。由于社会最优产出水平为 $2\overline{Q}$，两家企业可以在价格 $\overline{P}$ 上同时存在并

且获利。这样，技术创新导致的固定成本的下降就使得该产业不再是自然垄断产业。

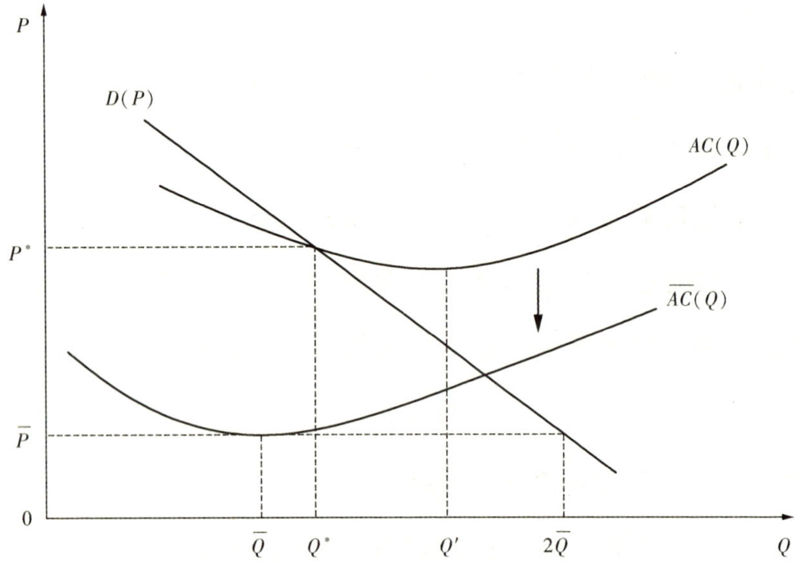

图 1.1　固定成本变化对有效市场结构的影响

（二）需求变化带来的影响

需求方面的变化也会改变自然垄断的特性。如图 1.2 所示，在"U"型平均成本曲线下，当社会需求曲线是 $D(P)$ 时，需求曲线与平均成本曲线 $AC(Q)$ 交点处的产量水平是 Q^*，此时平均成本呈下降趋势，这意味着成本函数 $C(Q^*)$ 是次可加的，具有自然垄断的特征。但当市场需求大幅上升，需求曲线从 $D(P)$ 移动到 $\overline{D}(P)$ 时，社会最优价格就成为 P'。此时的市场总需求是 $3Q'$，足以支撑 3 个有效率的企业同时进行生产，而不损害生产效率，这使得原先的自然垄断不可维持。

由于垄断性行业的长期平均成本曲线更多呈"L"型，而不是

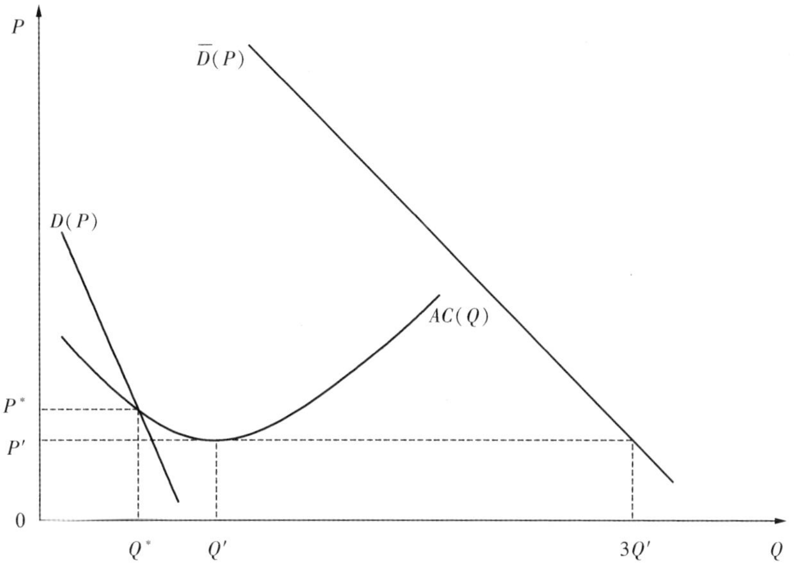

图 1.2　需求变化对自然垄断的影响

“U” 型。下面，我们再以 “L” 型平均成本曲线对此进行分析。

在图 1.3 中，当产出水平在 $\underline{Q}$ 和 $\overline{Q}$ 之间时，平均成本最低。当社会需求曲线是 $D(P)$ 时，网络产业具有自然垄断的特征，但当需求曲线移动到 $\overline{D}(P)$ 时，成本函数就不再具有次可加性。例如，$\underline{Q} < Q^0/2 < \overline{Q}$，当有两个企业同时进行生产，每个企业产量为 $Q^0/2$ 时，该产业最有生产效率。因此，该产业同样不再具有自然垄断的特征 。

（三）从技术到制度：垄断性行业改革的兴起

自然垄断的成因是成本弱增性，它不是由人为因素造成的，其产生具有一定的客观基础。从这一角度看，分拆自然垄断企业将造成效率的损失。但是，规模经济并不一定导致自然垄断，自然垄断只是一定技术和需求条件下的现象，并且伴随着成本变化

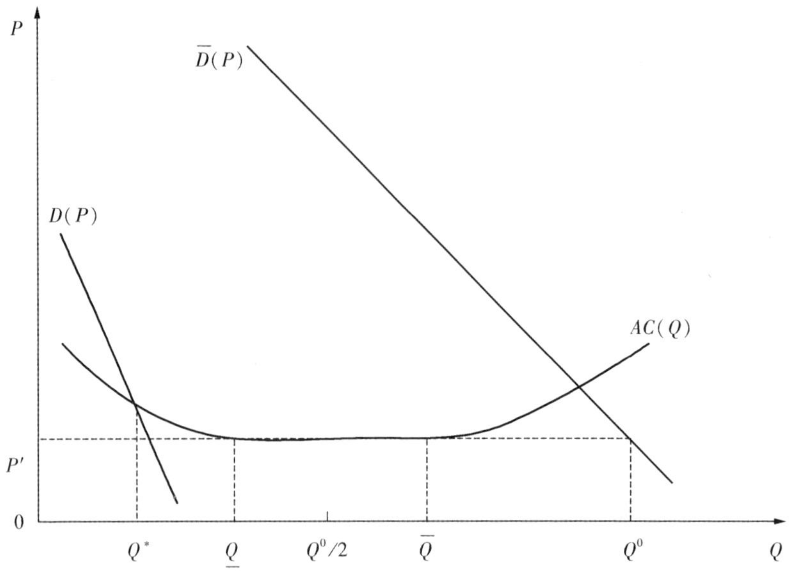

图 1.3 "L"型平均成本曲线下的有效市场结构

和需求变化，垄断性行业中自然垄断的边界日趋缩小。在垄断性行业的产业链上，只有个别的环节存在自然垄断现象。由于中国长期开展的经济规制①效率欠佳，再加上电信、电力等产业的自然垄断特征日趋消退，产业内部发生了深刻的变化，对垄断性行业进行改革提上议事日程。可选择的改革政策有下面三种。

一是继续实行价格、市场进入等方面的经济规制，但引进激励规制等新方法，提高经济规制的效率。在传统经济规制下，企业存在"成本加成"行为，缺乏降低成本和提高生产效率的激励。

---

① 经济规制（economic regulation）也可称为"经济性管制"，是指一国政府依据法律法规对微观经济进行的直接干预，它是一种替代市场竞争的制度安排，也是政府管制的一个组成部分。维斯卡西等学者（Viscusi，Vernon & Harrington，2000）认为，经济规制通常是指政府对厂商的决策，如价格、产量、市场进入或市场退出等施加的制约。美国政府以维护社会公共利益为目标，在保持私有产权条件下，对铁路、民航、电信等行业长期进行经济规制。不过，市场在降低价格和提高效率方面通常比规制机构做得更好，特别是在信息不对称、规制成本高昂、规制者被产业俘获等情况下，经济规制很难达到预定的目标，对经济造成了一定的负面影响。

针对传统经济规制的低效率，新规制经济学设计了一些规制工具来实现最优规制，如成本补偿机制和定价政策。我们把具有不同激励强度的成本补偿机制称为“激励规制”，具体方式有最高限价、标尺竞争、特许权竞争等。激励规制是对传统经济规制方法的一种优化，规制者与企业之间实际上是一种委托－代理关系，它要解决的核心问题是双方之间的信息不对称。为此，就要设计有效的激励规制合同，既给垄断性企业以提高经营效率的激励，同时又要尽可能地实现消费者福利的最大化。当然，这一政策得以延续的前提是网络产业仍然具有自然垄断的特性，或者是利益集团的力量使经济规制政策能够继续维持下去。

二是部分解除经济规制，比如取消市场进入规制，但仍然保持价格规制；或者是保持对传输网络的经济规制，解除其他层面的经济规制，通过制订合理的非歧视的网络接入费，奠定垄断性开展公平竞争的基础。这一政策往往是走向全面解除规制的过渡性举措。

三是全面解除经济规制，对垄断性行业进行改革与重组，让市场竞争机制充分发挥作用。当垄断性行业已经不再具备自然垄断特性时，这一改革就显得尤为重要。自 20 世纪 70 年代后期以来，美国等西方国家逐步放松甚至解除对民航业、铁路运输业、电信业、电力业等诸多垄断性行业的经济规制，通过多种方式，如对垄断性企业进行拆分、培育数网竞争、实行互联互通等，引入市场竞争机制或增强可竞争性，提高垄断性行业的竞争活力，通过市场竞争机制而不是经济规制来增进垄断性行业的运营效率。这一发展战略取得了良好的效果，日益成为主流的解决方式。

第二章

中国垄断性行业改革：进展及评价

改革开放以来，中国政府积极稳妥地推进垄断性行业改革进程，总体上呈现出放松经济规制、引入市场竞争机制、建立新的政府监管体制的特征。实践证明，市场化改革推动了中国垄断性行业的发展，取得了良好的成效。但由于受到认识和观念、政府职能转变、既得利益势力和垄断企业的阻碍及其他经济社会和行业发展条件的制约，总体上垄断性行业改革进展比较迟缓，目前尚处于攻坚阶段。

一、打破垄断、培育有效竞争是中国垄断行业改革的根本任务

改革开放之前，由于电信、电力、铁路、天然气、石油天然气、供水等公用事业具有明显的规模经济特征，在传输网络层面

往往具有一定的自然垄断性质，中国政府对这些产业一直实行非常严格的经济性管制。与美国等西方国家在市场经济条件下实行的管制有所不同，中国的垄断性行业长期在计划经济下接受管制。由于计划经济下不存在真正意义上的市场，所以，计划经济本身就是一种最为严格的管制形式，它完全用政府管制替代了市场机制。在这种制度下，垄断性行业与其他产业所受的管制大致相同：企业由政府建，资金由政府拨，价格由政府定，盈亏由政府统一负责，实行政企高度合一的管制体制。不过，在产业组织形式上，垄断性行业与其他产业有着明显的不同：大多数垄断性行业都是由一家企业在特定的区域乃至在全国范围内独家开展经营，通常以国有独资或控股、全国性、行政性的大公司（或主管部门）为主，不允许其他企业进入。因此，中国的垄断性行业呈现出以法定垄断和行政性垄断[①]为主的特征，并不是在市场竞争基础上形成的自然垄断。

改革开放以来，行政性垄断在中国经济领域，特别是垄断性行业中，仍大量存在。行政性垄断并非中国所独有，其理由也多元化，如维护市场稳定与效率、保护社会公平、维护社会公共利益，等等。不过，中国的行政性垄断有其特殊性，它在很大程度上带有计划经济遗留的特征，如缺乏合理的听证与授权程序，给予

① 行政性垄断是指国家经济主管部门和各级地方政府行政机关运用行政权力，排除、限制或妨碍企业间合法竞争而造成的垄断状态或垄断行为，其表现形式包括以明确或隐蔽方式给予特定（国有）企业特许经营权、通过行政审批等手段设置市场进入壁垒、通过行政手段取代市场机制配置资源，等等。

相关部门过度的自由裁量权，等等。应该讲，政企合一的管理体制曾发挥了一定的积极作用，它集中了大量的人力物力，建成了一批骨干工程，为电信、电力、铁路、石油天然气、供水等行业的发展奠定了根基。但随着经济社会的发展，其弊端也逐渐暴露出来，在垄断经营体制下，企业缺乏追求成本最小化与利润最大化的动力，使生产的平均成本高于“最低可能成本”，暴露出服务质量低劣、价格居高不下等弊端，导致垄断性行业出现生产成本高、工作效率低、服务质量差、价格居高不下、市场供应严重不足等问题。垄断性行业改革滞后日益成为制约中国经济发展的主要瓶颈。

总体而言，中国垄断性行业的市场化改革滞后于其他产业。如果说市场经济的内在要求提供了改革的“合理性”，而现实中的压力加大则加强了改革的“紧迫性”。党的十八届三中全会提出要深入推进各项改革。垄断性行业内国有企业的改革成为难度最大、推进最慢的改革，称得上是市场化改革的“攻坚战”。

中国垄断性行业改革的初始动力来自于资金需求和财政压力，也就是说单纯依靠政府投资无法满足行业快速发展的需要，为了解决供给短缺和投资不足，吸引社会资金和放松价格监管就成为一种合乎逻辑的选择。由此而产生的结果是国家垄断体制的动摇①，或由此而产生的市场垄断势力的增强②。这个时期，改革的

① 如发电市场开放后，独立电厂的出现。
② 如电信价格放松监管后，垄断利润的急剧扩张。

动力开始转变为被迫接受高价低质服务的消费者、不拥有垄断权力的新的市场进入者，以及急迫需要提高效率的政府。

理论和实践证明，加快垄断性行业改革，带动社会投资，提高效率和服务水平，应该通过放松经济管制、增强可竞争性的办法，在垄断行业内积极培育有效竞争，既发挥规模经济的作用又避免垄断，既保持竞争活力又不出现破坏性竞争。因此，打破垄断、培育有效竞争是中国垄断行业改革的根本任务。

转变职能，实现政企分开，开放国内市场，引入竞争机制，积极吸引多种资本进入是中国经济体制改革取得成功的重要经验。随着改革的深入，这些做法应该从竞争性行业逐步延伸到垄断性行业，加快垄断性行业的改革和重组。从根本上说，垄断性行业改革并没有脱离一般性规律和基本问题，即如何处理政府、企业、市场三者之间的基本关系，只是问题的复杂性和处理的难度要大于竞争性行业。

放松监管、引入竞争是国际上垄断性行业改革的基本做法，为中国提供了一定意义的借鉴作用。但是，国际上对垄断性行业的改革也在实践和探索中，仅仅为我们提供了有限时间内的有限经验。而且在此领域中国的改革要比发达国家复杂，例如需要处理政企合一的管理体制，以及国有企业的改革和机制转换等复杂问题。因此中国对垄断性行业的改革是在探索中逐渐深化，在改革的过程也难免出现各种各样的问题，并逐步触及垄断性产业的深层次矛盾。

二、中国垄断行业改革的进程演变

尽管各垄断性行业的进程不一，但总体而言，中国垄断行业改革大致经历了如下四个重要时期。

（一）改革启动期（1985～1993年）

中国垄断性行业改革真正启动是20世纪80年代中期，突出特征表现为打破原有的垄断体制，在小范围内引入有限竞争，电力、电信、民航、铁路、邮政等行业开始启动政企分开、引入竞争的改革探索。1985年电力行业出台了“集资办电”的政策，吸引社会资本投资发电领域。1987年民航业开始探索政企分开，成立了6家国家骨干航空公司，成为相对独立的经营企业。1987年铁路业开始探索中央与地方合资建立铁路的投资模式，中国第一条合资铁路三茂铁路开工建设。1993年邮政业开始引入民营快递公司，中国邮政独家垄断的格局被打破。这一阶段改革是在供需矛盾比较尖锐的情况下政府所采取的被动改革，并未深刻影响垄断行业的根本体制。

（二）大规模改革期（1994～2004年）

大规模改革期的主要特征表现为在借鉴西方国家经验的基础上，从市场主体重塑、独立监管机构建立、产权多元化、公司化改造等方面进行全方位改革探索。20 世纪 70 年代末到 80 年代初，由于技术的发展，垄断行业的自然垄断属性逐步丧失，美国、英国等发达国家垄断行业放松管制改革，掀起了世界垄断行业改革浪潮。80 年代末期开始，发展中国家垄断行业也开始了以市场竞争、民营化和独立管制机构建立为主要内容的放松管制改革。

受世界改革浪潮的影响，中国自 1994 年开始，各垄断行业从政企分开、运营模式、竞争模式、产权模式、治理模式、管制模式等方面积极探索垄断行业改革的模式与路径。

在电力行业，1997 年实现政企分离，成立了国家电力公司；管制模式改革方面表现在 1998 年电力部撤销与 2003 年电监会成立；运营模式改革方面表现在 2002 年实现厂网分离；竞争模式改革方面表现在 2002 年成立五大发电企业和两大电网企业的市场结构。

在电信行业，政企分开方面表现在 1995 年中国电信公司注册成立；管制模式改革方面表现在 1998 年信息产业部成立；运营模式改革方面表现在 1999 年中国电信纵向拆分，分别成立新中国电信（负责固网业务）和中国移动（负责移动业务）；竞争模式改革方面表现在 1994 年中国联通成立，形成双寡头竞争格局，其后，2000 年中国铁通成立，2001 年中国卫通成立，2002 年中国电信进行南北拆分，分别成立了中国电信（南方 21 省）和中国网通（北方 10 省），最终形成了“5 + 1”的电信竞争格局；产权与治理模式改革方面表现在 1997 年以来中国移动、中国电信、中国联通分别在中国香港和美国纽约上市，改善了电信运营商的产权结构，必须按照国际规则来经营企业。

在民航行业，产权改革方面表现在1995年海南航空公司成功发行外资股，成为第一家中外合资航空公司，以及2004年第一家民营航空公司奥凯航空公司成立，开启了民航业对民营资本开放的新时代；治理模式改革突出表现在1997年东航、南航成功上市，促使东航、南航按照上市公司的要求建立、完善公司治理结构与机制。

到2003年底，除了铁路行业之外，其他行业逐步形成了政企分离、主辅分离、市场竞争、产权多元化以及相对独立监管格局。

（三）改革沉寂期（2005～2010年）

经过第三阶段的改革，垄断行业活力逐步释放，经营效率得到较大提高，企业绩效大大改善，垄断性行业步入快速发展时期，但改革却相对沉寂。国家电网公司、中国南方电网有限责任公司、中国华能集团公司、中国国电集团公司、中国大唐集团公司、中国移动通信集团公司、中国电信集团公司、中国联合网络通信集团有限公司以及中国邮政集团公司9家进入世界500强，垄断行业出现集体繁荣的新景象。同时，中国铁路业也驶入发展快车道，高速铁路建设如火如荼，列车时速不断提升。垄断行业所表现的良好绩效，也使得中国垄断行业改革力度逐步减缓。虽然这期间也进行了电信行业全行业重组改革，邮政行业实现政企初步分离，但是更深层面的改革基本停滞，主要表现为：垄断行业基本上或完全由国有企业控制，民营资本难以进入；某些行业改革基本没有进展。尤其是2008年全球金融危机的出现，延缓了中国垄断行业改革的进程。尽管部分行业仍在进行改革（例如电信行业的三网融合），但是垄断行业改革整体基本处于停滞状态。

（四）改革重启期（2011年至今）

2011年出台的“十二五”规划又重新对垄断行业改革提出了规划与部署。与此同时，一系列特殊事件的发生催化了社会各界要求加快垄断行业改革的呼声。为此，政府出台多个政策文件要求对电力、电信、铁路、石油天然气、民航、公用事业等垄断行业进行改革，沉寂多年的垄断行业改革逐步重启。特别是2013年新一轮政府机构改革中铁道部被拆分重组，拉开了新一轮铁路行业改革的大幕。根据2013年3月10日公布的《国务院机构改革和职能转变方案》，原铁道部被一分为三。一是原铁道部拟订发展规划和政策的行政职责统一划入交通运输部，实行大交通的管理模式。二是组建国家铁路局，由交通运输部管理，承担原铁道部的其他行政职责，负责拟定铁路技术标准，监督管理铁路安全生产、运输服务质量和铁路工程质量等。三是组建中国铁路总公司，承担原铁道部的企业职责，负责铁路运输统一调度指挥、经营铁路客货运输业务、负责铁路建设、承担铁路安全生产主体责任等。同样，电力行业的改革也被重新提起。2003年成立的独立管制机构国家电力监管委员会也在10年后并入国家能源局。十八届三中全会以来，深化垄断性行业国有企业改革被提到更重要议事日程，以市场化为导向，优化资源配置，将自然垄断环节与可竞争性环节分开，打破各种形式的行政垄断，实现有效竞争，提升产业竞争力和可持续发展能力成为新时期垄断性行业改革的主旋律。

三、中国主要垄断性行业改革进程及问题

本节将探讨中国垄断性行业改革的主要层面，进而对中国电信、电力、铁路、石油天然气、公用事业等行业的体制改革进行总结分析。

（一）电信行业的市场化改革

电信业是信息技术产业的重要组成部分，在国民经济中占有重要的地位。自20世纪80年代以来，中国电信业不断深化体制改革，打破垄断，引入竞争，走过了一条“在发展中改革，在改革中发展”的道路，使电信业发生了深刻的制度变革。

1. 中国电信业市场化改革的阶段

改革开放之初，中国电信业政企不分，通信基础设施建设严重落后，网络、技术、服务水平低下，成为制约经济发展的瓶颈。自20世纪80年代以来，中国电信业不断深化体制改革，打破垄断，引入竞争，使电信业发生了深刻的制度变革。在自然垄断性

行业中，电信业率先甩掉了“瓶颈”的帽子，实现了由单纯依靠国家财政拨款向依靠政策筹集建设资金的转变，进而形成了依靠市场自我积累、自我发展的路子。自20世纪90年代中期开始，中国电信供需紧张的矛盾基本缓解，装电话难、打电话难的问题不复存在。到21世纪初，电信业为经济社会全方位、多层次提供服务的能力进一步增强，实现了由初步适应向基本满足的转变。电信资费整体水平明显下降，服务质量明显改善，人民群众从电信发展中得到了越来越多的实惠。

中国电信业的市场化改革大致可划分为下述四个阶段。

（1）调整政府与企业之间的责权利关系（1978～1991年）

1949～1978年是中国实行计划经济体制的时期，邮电部门与其他部门一样，政府与企业职能不分，所有邮电业务由政府高度垄断经营，基本不存在竞争。1970年1月1日，邮电部撤销，邮政系统划归交通部领导。1973年3月，经中共中央批准，邮政部分从交通部划出来，邮政与电信合并，恢复邮电部，内设邮政总局。

改革开放以来，伴随着国民经济的快速发展和人民生活水平的不断提高，通信供需矛盾日益突出。装电话要批条子、找关系，即使交了几千元钱的高额电话初装费，往往也要等半年时间才能装上电话。电信基础设施的落后成为制约中国电信业发展的瓶颈，僵化的邮电管理体制亟须改革。

伴随着商品经济的发展，从邮电部门中逐步分离出一些独立经营的企业实体，部分邮电业务向社会开放，政府独家垄断经营的格局开始发生变化。与此同时，邮电法规逐步建立和完善。邮电体制改革侧重调整政府邮电部门与邮电企业和非邮电企业（指邮电系统外从事非专营邮电业务和相关业务的企业）的责权利关系。1984年1月，全国邮电企业推行“经济核算制”，邮电企业有了相对独立的经济利益。1984年10月16日，财政部决定从1984～1990年，对邮电部所属企业实现的利润实行倒一九分成，即上缴财政10%，90%留在邮电部门用于发展邮电事业，外汇收入继续按90%留成。

1986年12月2日，第六届全国人民代表大会常务委员会第十八次会议通过了《中华人民共和国邮政法》，该法自1987年1月1日起生效。1988年11月，国务院在批准《邮电部“三定”方案》时明确提出，邮电体制和机构改革的方向应当是政企分开、邮电分营，分三步走：第一步，对邮电物资等管理机构完全实现政企分开；第二步，逐步实现邮政、电信专业分别核算，转换职能；第三步，条件成熟时，从上至下实现邮政、电信分营和政企分开。同时确定，邮电主要业务必须由国家统一经营；邮电通信的管理体制应继续实行以系统领导为主、以地方政府领导为辅。

（2）改革邮电管理体制（1992～1997年）

1992年10月，党的十四大通过的决议要求实行行政管理体制和机构改革，并提出从1993年开始的三年内基本完成包括邮电部在内的机构改革，以适应社会主义市场经济发展的要求。同年，国务院国家编制委员会批准《邮电部“三定”方案》，明确邮电机构改革必须改变“政企合一”的局面，逐步实现政企职责分开。

1993 年 4 月，根据第八届全国人民代表大会第一次会议批准的国务院机构改革方案，将邮政总局从邮电部机关行政序列中分离出来，改为单独核算的企业局，对外仍称邮电部邮政总局。1993 年 12 月，邮电部做出改革邮电科研体制的决定，将原邮电科学研究院分别组建为电信科学技术研究院、电信科学研究规划院和邮政科学研究规划院，实现了科研“软”和“硬”的分开。1994 年 2 月，邮电部门开始实行人员“零增长”政策。

1994 年 3 月，国务院要求进一步改革邮电管理体制，国务院批准的《邮电部“三定”方案》要求：邮电部要进一步实行政企职责分开，将邮政总局、电信总局分别改为单独核算的企业局，统一经营全国公用邮政、电信通信网和邮电基本业务，并承担普遍服务的义务。邮电系统继续实行邮电部和省区市双重领导、以邮电部为主的管理体制，邮电部负责对全国通信行业的宏观管理，统一管理国家公用通信网和通信业务市场。1995 年 4 月，电信总局以“中国邮电电信总局”的名义进行企业法人登记，其原有的政府职能转移至邮电部内其他司局。1995 年 10 月，邮政总局注册了企业法人营业执照，获得法人资格，企业名称为“中国邮电邮政总局”，简称“中国邮政”。1997 年 10 月，在国务院的直接领导下，中国电信（香港）公司在中国香港、纽约发行股票并成功上市，筹集资金 42 亿美元，在中国电信领域产权制度改革方面迈出了重要一步。

在此阶段，中国政府开始放松电信业的市场进入管制，促进市场竞争。1993 年开放了部分电信增值服务，1994 年组建了中国联合通信有限公司（简称“中国联通”）和中国吉通公司。中国联通由国家 17 个部委和大型公司集资组建成立，从事全业务通信。成立中国联通的目的是给当时“政企不分、行业垄断”的邮电行业引入外部竞争者。1995 年 7 月，成立仅一年的中国联通就在北京、天津、上海、广州等城市开通 GSM 数字移动电话，促进了中国移动通信产业的快速发展，移动通信等新的通信方式的普及增加了消费者的选择权，引发了固定电话和移动电话之间的替代竞争。中国联通带来的市场竞争压力也提升了中国电信业的总体绩效水平，包括电信资费下降和电信企业服务意识的加强。由于体制、政策等种种因素的限制，直到 1998 年底，中国联通在移动领域的用户还只有 100 万左右，无法与原中国电信开展全面的竞争。中国电信作为中国电信市场的主导企业拥有巨大的市场支配力量，通过“接入限制”“网间资费”“资源分配”等各种壁垒阻碍中国联通的发展。不过，中国联通的成立和发展是中国电信业打破垄断、引入竞争的一个重要标志，它为中国电信业引入了竞争活力，同时也为后续的改革进行了有益的探索，对于打破垄断、深化改革具有重要意义。通过成立中国联通来推进中国电信业的改革，而不是一开始就将中国电信进行拆分，是一种典型的“增量调整激活存量”的渐进式改革路径。

这一阶段是中国经济体制开始进行深入改革的阶段，邮电部门的企业性质越来越明显，从邮电部门中逐步分离出一些独立经营的企业实体，部分邮电业务向社会开放，打破了政府独家垄断经营的格局。与此同时，邮电法规逐步建立和完善。在此阶段，中国邮电体制改革侧重调整政府邮电部门与邮电企业和非邮电企业（指邮电系统外从事非专营邮电业务和相关业务的企业）的责权利关系，但邮电系统政企彻底分开的问题始终没有解决，“邮电合一”和“政企合一”的管理体制不利于中国邮政和电信事业的发展。

（3）政企分开和产业重组（1998～2007年）

1998年后，中国政府进一步加大了电信改革与重组力度，实现了政企分开、邮电分营，建立了新的电信监管机构，重组了中国电信和中国联通，正式成立了中国移动。2001年，以打破固定电信领域的垄断为重点，实施企业、资源、业务和市场重组，成立了新的中国电信和中国网通，形成了中国电信、中国网通、中国移动、中国联通、中国卫通、中国铁通6家基础电信企业相互开展竞争的产业格局。

● 政企分开，建立新的电信监管制度

1998年3月10日，九届全国人大一次会议通过国务院机构改革方案，决定实施邮电分营，以邮电部电信部分和电子工业部为基础，并入国家无线电管理委员会和国务院信息化工作领导小组的职责，成立信息产业部。信息产业部是中国电信业的监管机构，它的任务是通过积极有效的宏观管理，振兴电子信息产品制造业、软件业和通信运营业，为各部门、各行业提供先进的信息技术、装备和网络服务，从而达到推进国民经济发展和社会服务信息化的目的，国务院要求信息产业部按照“政企分开、转变职能、破除垄断、保护竞争和权责一致的原则”对其职能进行调整。

1998 年 4 月，信息产业部下发《邮电分营工作指导意见》。《邮电分营工作指导意见》指出，邮电分营是通信技术进步的要求和邮政、电信两大专业自身发展的需要，是实现两个根本性转变的需要，也是政企分开对邮电改革提出的一项紧迫任务。1998 年 12 月，以全国各省（区、市）邮电管理局的分营和机构调整为标志，邮电分营工作基本完成。

邮电分营工作开始不久，党中央、国务院要求中央党政机关必须在 1998 年底前与所办经济实体和管理的直属企业完全脱钩。信息产业部成立了专门的直属企业脱钩工作小组，积极推进政企分开。1998 年，中国邮电工业总公司、中国邮电器材总公司、中国通信建设总公司、邮电国际旅游集团等企业最先脱钩。其后，原中国邮电工业总公司改组为中国普天信息产业集团公司，原中国邮电器材总公司、中国通信建设总公司、邮电国际旅游集团改组为中国邮电器材总公司。1999 年以来，在信息产业部的推动下，中国电信业又开展了两次大规模的产业重组。

信息产业部成立之初，监管力量和手段严重不足，管理者绝大多数来自企业，缺乏行政管理特别是电信监管的经验，电信监管面临着一系列矛盾、问题和困难。在中央关于深化电信体制的精神指引下，信息产业部在市场准入、资费管制、互联互通、服务质量、资源管理、技术标准、普遍服务等方面逐步形成了比较系统的监管政策体系。政企分开初期，信息产业部就明确提出，做好监管工作必须解决好“管什么”“怎么管”的问题，之后又确立了综合运用法律、经济、技术手段，辅之以必要的行政手段，以及灵活运用市场“无形的手”与政府“有形的手”进行监管的工作思路，逐步实现了管理职能、管理方式的转变。随着管理工作的深入，针对政府监管到底应代表谁的利益这一根本性问题，又鲜明地提出“监管为民”的理念和“社会利益最大化”的原则，向社会管理和公共服务领域拓展，进一步明确了监管工作的方向和目标取向。

● 推进产业重组，培育市场竞争

1999 年以来，中国电信业通过横向和纵向重组的方式进行产业重组，改革和发展的步伐很大。1999 年 2 月，国务院通过中国电信重组方案。根据国务院总体部署，电信企业重组主要分两个步骤：一是将中国邮电电信总局按照业务性质横向分解，分别组建中国电信集团、中国移动通信集团公司、中国卫星通信集团公司和国信寻呼通信公司；二是将国信寻呼及其他国有资产注入中国联通，并加强中国联通的领导力量，增加国家资本金，扩大业务范围。2000 年，中国移动、中国电信及中国卫通相继挂牌成立，电信运营主体转为真正的企业，实现了政企分开。为了强化竞争，政府又给网通公司、吉通公司和铁通公司颁发了电信运营许可证，国内电信市场初步形成电信市场分层竞争格局。但由于分层市场上垄断力量依然较强，新运营商进入时间较短，电信产业仍未形成有效竞争局面。

中国电信一分为四只是第一步。2002 年 5 月 16 日，原中国电信宣布，中国电信被拆分成南、北两部分，南方 21 省市保留“中国电信集团公司”名称，继续拥有“中国电信”的商誉和无形资产；华北地区（北京、天津、河北、山西、内蒙古）、东北地区（辽宁、吉林、黑龙江）和河南、山东共 10 个省（区、市）的电信公司、网通、吉通重组为中国网络通信集团公司（简称“中国网通”）。新电信和新网通被允许相互进入对方领域发展业务。至此，中国通信产业逐步形成了市场化的“5 + 1”的格局，增值业务有 4400 多家企业，市场竞争基本涵盖了所有基础电信业务领域。此次重组之后，各大运营商之间竞争激烈，中国电信市场进入全面高速发展阶段。在增值电信及互联网相关业务领域，一个更加开放的竞争格局也已出现。2004 年 1 月 29 日，铁通公司由铁道部移交国资委，更名为“中国铁通”，作为国有独资基础电信运营企业运作。这一改革过程可由图 2. 1 直观地显现出来。

中国电信重组后，一定程度上消除了原中国电信对中国联通的排他性行为，在移动通信领域初步形成了一个比较公平的竞争环境，促进了中国联通的快速成长。中国联通的移动业务在短时间内迅速扩张，GSM 用户数从 1998 年的 100 万户快速增长到 2001

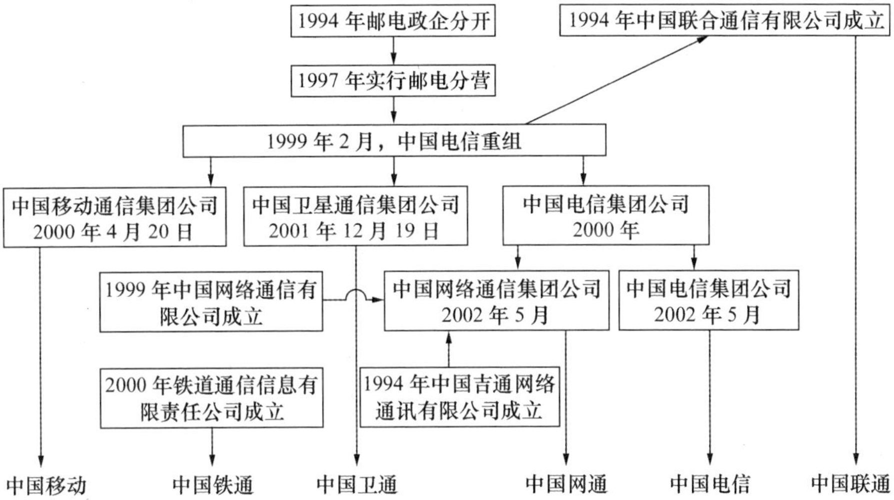

图 2.1　中国电信业改革进程示意图

年底的 3000 多万户，市场份额从 1998 年的 5% 上升到 2005 年的 32%。尽管中国联通的市场份额远逊于中国移动 70% 左右的市场份额，两者的市场地位并不相称，但中国联通在移动业务市场上对中国移动形成了有力的竞争，它们之间的竞争带动了移动通信领域的快速发展。

市场竞争的压力使电信企业降低通信服务资费、提高服务水平，以及降低生产成本，增进了电信消费者的福利，也推动了电信行业的发展。电话初装费、手机入网费、占频费、区间通话费等都被取消，长途通信资费得到大幅降低，短信、彩信、彩铃、小灵通、电话会议等新业务在新的竞争环境下实现了快速发展。据原信息产业部统计数据，从 2001 到 2006 年，中国电信资费降价幅度为 62%。

- 推动电信企业上市，增强发展后劲与活力

电信企业改制后，拿出部分优质资产在国内外资本市场上市

融资，增强了发展的后劲与活力。1997 年，中国电信业开始迈进海外资本市场。1997 年 10 月，中国电信（香港）公司在香港、纽约成功发行股票并上市，筹集资金 42 亿美元。2000 年 11 月，中国电信（香港）公司更名为中国移动（香港）公司，在香港、纽约发行新股和可转换债券，筹集资金 75.6 亿美元。

中国联合通信有限公司（简称“中国联通”）从 1995 年开始用“中中外”项目方式进行网络建设，共涉及 11 个国家和地区的 30 多家大型电信运营商，但这种模式非常不成熟，于是在 1999 年 7 月，清理“中中外”工作全面启动，这也为中国联通的重组上市理清了产权的基本脉络。2000 年 6 月，中国联通在香港、纽约成功上市，筹资 56.5 亿美元，进入全球首次股票公开发行史上的前十名。2002 年 10 月，中国联通又在国内 A 股上市（简称“联通 A 股”），每股发行价为 2.30 元，融资 115 亿元，用于筹建公司的 CDMA 网络。

中国电信于 2002 年 11 月 15 日跨进了海外资本市场的大门，在全球发售 75.564 亿股 H 股，融资约 14 亿美元。上市之后的中国电信，基本都使用募集资金来收购母公司的核心资产，而母公司则用得到的资金来安置冗员、处理集团下属的不良资产。这就形成了国企改制的一个新的循环方式——以境外上市的方式引进国际资本，在不断引资的情况下保证国有资本的有序退出，改变了企业的产权结构，提升了企业的管理素质，有利于企业的机制创新和国际化运作。

经过此阶段的改革，中国电信行业实现了迅猛发展。截至2007年底，中国电话用户总数突破9亿户，移动电话用户突破5亿户，通信行业业务总量接近2万亿元（具体见表2.1）。同时，中国电信业在竞争架构、资源配置和发展趋势等方面也出现了一些新情况、新问题。尽管经过多次重组，中国电信业出现了较为激烈的市场竞争，但与市场要求和产业发展相比，有效的竞争机制仍未形成，甚至出现“一家独大”的产业格局。中国电信业主要有中国移动、中国电信、中国联通、中国网通和中国铁通五大公司，从2005～2007年5家公司的营业收入、净利润、新增通话用户三大关键运营指标分析，中国移动已形成“一家独大”的垄断局面。正因为中国移动经营着成长性最好的移动通信业务和市场，拥有覆盖范围广、运营质量好、其他运营企业无法比拟的移动通信网络，并且拥有雄厚的资金和成本优势，拥有高价值的优质客户资源，占有绝对高比例的市场份额和用户群，以及点多、面广、质优的营销网络，使其成为中国电信市场上唯一的规模大、发展快的电信运营企业，在品牌建设、营销渠道建设等方面都有巨大优势。尽管“一家独大”的产业格局是通过市场竞争产生的，是有效率的，但这种竞争架构严重失衡的状况不利于在电信业内开展有效竞争，对市场监管也提出了新的挑战。此外，固话业务用户增长慢、经济效益低的矛盾也日益突出。这些问题都需要通过深化电信体制改革加以解决。

表 2.1　　2003～2007 年中国电信业发展情况

指标名称	2003 年	2004 年	2005 年	2006 年	2007 年	2003～2007 年均增长率（%）
电信综合价格下降水平（%）	12.6	18.7	11.2	13.2	10.5	—
电信业务总量（亿元）	6478.8	9148	11403	14595.4	18591.3	29
电信业务收入（亿元）	4597.6	5275.1	5840.1	6491.8	7398.6	12.5
非话音收入所占比重（%）	—	18.39	22	27.49	36.66	—
电信固定资产投资（亿元）	2217.6	2199.1	2097.8	2214	2370.1	—
占全社会投资比重（%）	3.99	3.12	2.36	2.01	1.73	—
电信增加值（亿元）	3137.7	3498.9	3831	4234.7	4703.7	11.7
固定电话用户（万户）	26274.7	31175.6	35044.5	36778.6	36563.7	11.3
移动电话用户（万户）	26995.3	33482.4	39340.6	46105.8	54730.6	21.6
互联网网民人数（万人）	7950	9400	11100	13700	21000	28.9
移动短信业务量（亿条）	1386.3	2170.5	3046.3	4295.4	5945.8	59.1
光缆线路长度（万千米）	273.5	351.9	407.3	428	577.7	20.7
移动电话基站数（万个）	23.8	31.2	36.2	44.2	54.6	24.6
域名数（万个）	118.7	185.2	259.2	410.9	1193	66.2
网站数（万个）	59.6	66.9	69.4	84.3	150.4	32.3
互联网国际出口带宽（Mbit/s）	27216	74429	136106	256696	368927	108.4
固定电话普及率（部/百人）	21.1	24.1	27	28.1	27.8	—
移动电话普及率（部/百人）	21	25.9	30.3	35.3	41.6	—
互联网普及率（%）	6.2	7.3	8.5	10.5	16	—
已通电话的行政村比重（%）	89.5	90.9	97.1	98.9	99.5	—

数据来源：根据《中国统计年鉴》相关数据整理。

（4）深化电信体制改革（2008 年以来）

2008 年 3 月 15 日，十一届全国人大一次会议第五次全体会议表决通过了国务院机构改革方案。根据该方案，中国将组建工业和信息化部，将国家发展和改革委员会的工业行业管理有关职责，国防科学技术工业委员会核电管理以外的职责，信息产业部和国务院信息化工作办公室的职责，整合划入工业和信息化部，不再保留信息产业部、国务院信息化工作办公室。工业和信息化部成为中国电信业的监管部门。

为形成相对均衡的电信竞争格局，增强自主创新能力，提升电信企业的竞争能力，促进行业协调健康发展，工业和信息化部、国家发展和改革委以及财政部于2008年5月24日联合发布了《关于深化电信体制改革的通告》，继续推进中国电信体制改革。深化电信体制改革的指导思想是：以发展第三代移动通信（以下简称“3G”）为契机，合理配置现有电信网络资源，实现全业务经营，形成适度、健康的市场竞争格局，既防止垄断，又避免过度竞争和重复建设。改革的主要目标是发放3张3G牌照，支持形成3家拥有全国性网络资源、实力与规模相对接近、具有全业务经营能力和较强竞争力的市场竞争主体，电信资源配置进一步优化，竞争架构得到完善。基于电信行业现状，为实现上述改革目标，鼓励中国电信收购中国联通CDMA网（包括资产和用户），中国联通与中国网通合并，中国卫通的基础电信业务并入中国电信，中国铁通并入中国移动。

此次电信改革还采取了一些配套政策措施，包括以下内容。一是大力支持自主创新。结合新一代宽带无线通信重大科技专项实施，积极参与国际第四代移动通信技术标准制定；鼓励有关部门、企事业单位优先使用自主创新产品；引导金融机构加大对自主创新的支持，优先支持重点研发、制造企业在资本市场融资。

二是加强电信行业监管。针对重组后新的市场架构，在一定时期内采取必要的非对称管制措施，促使行业格局向均衡发展，建立和完善与之相适应的监管体制；通信行业管理部门将制定更加严格的行业监管政策，对变相阻碍、破坏互联互通、网间漫游的，给予企业经济处罚，对责任人给予行政处罚；鼓励移动通信运营商相互开放网间漫游业务，漫游结算等价格由政府制定；逐步扩大企业的自主定价权。三是促进行业协调发展。进一步推进电信运营企业建立和完善现代企业制度；以业务融合为切入点，积极推进三网融合，鼓励业务交叉竞争；积极支持应用软件开发、内容提供等信息服务行业发展。

“十一五”期间，中国通信业积极开展第三代移动通信（3G）建设及业务应用，大力推进 TD 产业化、商业化进程，加快通信业转型步伐，市场竞争格局得到进一步优化，通信业务种类日益丰富，服务水平不断提高。工业和信息化部统计数据显示，2009 年中国基础电信企业业务收入达到 8600 亿元，电话用户达到 10.61 亿户，互联网网民达到 3.84 亿，均提前实现“十一五”发展目标。到 2009 年底，中国移动电话普及率达到 56.3%，互联网普及率达到 28.9%。中国通信基础设施建设迈向新台阶，建成了覆盖全国、全球最大的信息通信网络。到 2009 年，中国通信光缆网络总长度达 826.7 万千米，其中长途光缆线路 84 万千米。中国 99.3% 的乡镇和 91.5% 的行政村接通了互联网，96% 的乡镇接通了宽带。2009 年 1 月，中国政府发放了第三代移动通信牌照，目前3G网络已基本覆盖全国，移动互联网正快速发展。

2010年初以来，国内电信市场化改革加快。从放开虚拟运营市场、引进民资进入该相对市场、成立铁塔公司做类似横向切割，直至最近的放开价格管制，这些事件都在不同程度上体现了放松政策管制在意识形态上已经逐渐占据主导地位。在此指导思想下，竞争格局调整、产权结构调整、电信政策改革等方面多种举措都在不同程度的推进。放松政策管制只是手段，在这些举措或是举措计划后面，如果不考虑政治因素，最终的目标还是消除垄断、提升行业效率，实现社会福利的最大化。与此同时，中国电信市场的政策改革路径虽然经历了政企分开、引入竞争者、纵向切分、横向切分等阶段，但距发达国家的行业效率相比仍有较大差距。总体而言，中国电信行业改革到目前为止呈现出如下特点：自然垄断观念逐渐淡化，电信市场结构仍有待改善，产权结构较为单一，监管机构效用仍需提升。

2. 电信行业市场化改革中存在的争议问题

（1）电信业务市场的自然垄断性问题

传统支持电信领域管制的观点认为电信行业具有自然垄断性，也就是说由于大规模的投资沉没成本和规模经济，行业中存在适度的垄断才是有效率的。然而，在电信行业与其他信息行业发展融合日益深入的同时，这一基础发生动摇：首先是多种技术的并存，每一种技术实现都存在其比较优势，多家企业提供生产手段和产品呈现更多的异质化，垄断不能带来成本效率；其次是网络建设和互联的成本随着技术的发展大大降低；再次也是最为重要的一点，随着信息技术的发展，电信服务的替代服务更为丰富，导致的结果是需求曲线更为平坦而有弹性，这样市场的自然垄断性在需求角度受到了削弱。

在价格领域支持放松管制的观点认为：价格管制在复杂的电信业务市场效果并不乐观，基础电信业务领域各种方式的降价和变相降价屡有发生，资费管制的失效已成为常态。因此长远来看，需要放松电信资费管制，让市场发挥力量，形成满足运营商激励相容条件的资费。例如，2011 年美国第二大运营商 at&t 公司计划对第四大运营商 T－Mobile 采取收购政策。当时，at&t 拥有 9550 万无线用户，T－Mobile 拥有 3370 万无线用户，两者合计将达到约 1.29 亿用户，因此，两家公司合并后将产生一个美国规模最大的运营商。从用户规模角度来看，美国电信市场的垄断程度可能加剧。但作为监管部门的 FCC 仍然对这次并购行动进行了深入的调查研究。原因是面对当前新形势下的电信市场，如果监管部门只考虑市场垄断的因素，此次交易显然是不合理的。但对 FCC 而言，它需要把这次交易放在整个产业的发展环境中，对其综合影响进行审查。2010 年 3 月，FCC 公布《国家宽带计划细则》，目标是在此后 10 年内，达成为 90% 的美国家庭提供 100Mbit/s 的宽带网络的目标。2011 年美国国情咨文中也提到："在接下来的 5 年之内，我们将使'企业在覆盖美国 98% 的范围内部署 4G 网络'成为可能。这不仅关系到一个更快的网速和更少的掉线情况，而且还关系到更好地将美国每个地方与数字时代相联系起来。”也就是说，FCC 当前需要考虑的一个重要问题是如何更好地协调，使 at&t 成为美国移动宽带战略的具体落实者，进而构建良好的产业生态，实现国家宽带战略。因此对于是否需要给它赋予一定的“资源垄断”地位，FCC 并不简单教条地做了深入的分析。

目前中国的电信市场的自然垄断性随着技术、产业、竞争对手的发展呈现出逐渐弱化的趋势，因此放松政策管制具备良好的现实基础。

（2）电信市场结构是否合理

HHI（Herfindahl-Hirschman Index）是度量产业部门的市场集中度的指数，数字越小说明集中度越低，反之则说明集中度越高。当 HHI 指数为 10000 时，说明市场中只有一家厂商。

观察中国电信市场的 HHI 值可以看出垄断情况的变化。1998 年的纵向拆分使得 HHI 从接近 10000 降低到 7000 左右，市场形态也从一个完全的垄断市场变成了部分竞争市场。然而此后，在 2000～2006 年间经历了横向拆分，HHI 的变化并未如预期明显。2000 年 HHI 值为 4442。2002 年的横向拆分带来 HHI 急剧下降到 2865，这说明当年的重组拆分对市场的垄断集中度还是有所改善。随后到 2005 年，HHI 基本维持未发生大的变化。2006 年，HHI 升高到 3034，重组效应已经基本让位给市场竞争效应。因为移固替代的市场趋势明显、中国移动手握移动牌照而在纵向市场中相对的垄断地位造成 HHI 反而提升。电信市场垄断度并未如预期得到有效的下降。目前的市场结构仍然很难说是有效竞争的。

对市场结构进行调整一般有三种方式：一是引入民营竞争主体，与垄断运营商形成竞争——类似目前引入虚拟运营商的动作，但效果还有待观察；二是引入国外电信运营商与垄断运营商进行竞争，目前该种形式在国内甚少使用；三是通过横向或是纵向拆分的方式形成运营商合理的竞争格局。

在市场格局调整方面，可以参考以下日本的经验。1997 年，日本 NTT 被拆分为 4 个公司：1 个控股公司，2 个本地公司和 1 个长途/国际公司。到 1998 年 6 月，日本形成了 5 个主要的本国公司集团（NTT、DDI、TTnet、日本电信集团、KDD/toyota）和 3 个外国公司。外资也在放松管制后（1998 年日本取消外资进入电信运营的禁令）进入日本电信市场，例如 WorldCom、BT 和 GlobalOne 等。目前日本已经逐渐形成 NTT、KDDI 和软银三强鼎立，eMobile、IPMobile 随后，以及众多中小运营商为外围形成的“寡头垄断，大中小共生”的市场格局。竞争环境的营造和产业结构的合理使得日本成为全球最早提供 3G 技术的国家，也是目前全球应用通信技术最为成熟的国家。

（3）管制机构及管制政策的有效性

纵观国际，很多国家对电信行业的监管都经历了政府直接运作公共事业、政府管制企业、成立独立的监管部门等阶段。在这一系列改革过程中，政府对管制松紧程度的理解、政府与产业的关系、政府与被管制对象的关系都有不同程度的变化。

以英国电信改革情况为例，2003 年 7 月 17 日，英国议会批准《通信法草案》，将原有 5 家监管机构融合为一家——OFCOM，以应对产业融合的趋势，提供统一的监管。在 3G 发展的初级阶段，OFCOM 担当的是产业监管者和市场秩序维护者的角色；在 3G 发展到一定的阶段后，OFCOM 的角色又转变为帮助运营商拓展用户市场，推动产业发展的角色。当时英国电信（BT）在英国固话市场占据了垄断性的市场份额（73%）。为了限制其垄断地位并减轻监管负担，OFCOM 出台了一系列限制 BT 在宽带市场上垄断的政策，并于2014 年提出分拆 BT 的建议，即将其网络部门 BTWholesale 与 BTRetail 分拆。BT 当时提出了几点反对意见：阻碍技术创新发展动力，影响英国 21 世纪网络计划（类似国家宽带计划），同时通过主动开放网络给竞争对手（即提供公平接入）同样可以实现削弱垄断而无需分拆，等等。OFCOM 最终接受了 BT 的建议而没有实施拆分，但这一举措提升了 BT 所面临竞争的剧烈程度，使得政府对垄断者的管制更为严格——这在实现更有效率电信市场的同时，也提升了 BT 的活力和实力。

而在美国，20 世纪 30 年代出现了空前的经济危机，在这种恶劣的经济环境下，为了保障新兴的电信业平稳发展，根据 1934 年《电信法》，美国成立了联邦通信委员会（FCC）。美国的政治体制特征直接制约和影响着 FCC 的性质和运作。2001 年 9 月 13 日，为应对三网融合的要求，FCC 将内设的公共电信的监管机构与有线电视的监管机构合并，统一设立了一个“竞争监管局”，融合后的新机构将电信、广播电视和互联网统一纳入监管范围，统一政策，统一监管。至此，FCC 在监管定位和监管政策方面有了显著的变化。

上述例子都可以看到，独立管制机构的设立和相应立法工作的完成，是各国认为有效管制的重要基础。然而中国在电信管制机构设置方面，一直由政监合一的政府组成部门实施电信管制，职能具有多重性而缺乏独立性。另一方面，中国的电信管理政策最多体现在法规、规章及规范性文件中，电信监管运营没有完全纳入法制化的轨道。而从其他国家放松政策管制来看，如果缺乏科学合理的配套管制政策，在竞争和产权改革方面的政策推进，可能难以达到理想的效果。

（二）电力行业的市场化改革进程

电力是国民经济的基础性产业，对中国经济社会发展具有重要意义。由于电力产业的规模经济特征明显，在传输网络层面具有一定的自然垄断性质，改革开放之前，中国政府对电力行业一直实行中央垂直垄断管理体制，政企合一，国家“独家办电”。中央政府的电力工业部门既是电力工业有关政策和规划的制定者，也是行业管理机构，行使行业管理和行政执法的职能；同时又是电力工业唯一的生产经营者，还是国有资产的经营管理者，负责投资建设电力项目并取得收益。地方电力工业部门与中央政府的设置相对应，也是相应的一级行政管理机构和生产经营单位，接受中央政府和上级单位的领导，同时直接负责其下属单位的管理和生产经营活动。

这种与计划经济相辅相成的管理体制，在当时特定的历史时期，曾经发挥了资源集中能力强的特点，建成了一些电力骨干工程。但国家独家垄断经营的体制严重抑制了地方、企业等其他经济主体办电的积极性，电力工业建设资金投入不足，导致电力供应紧张，经常出现全国性缺电局面。电力供应不足成为当时制约中国经济发展和社会进步的主要“瓶颈”之一。在电力长期短缺的压力下，中国从20世纪80年代初开始进行电力市场化改革，打破了传统体制下“独家办电”的局面，引入了新的投资和经营主体，实现了从凭证供应电，到集资办电，再到厂网分开、试点竞价上网的制度变迁，中国电力产业在体制改革与制度变迁的过程中实现了快速发展。

改革开放以前，基于电力行业的规模经济特征和传输网络层面的自然垄断性质，中国政府对电力主业的管制一直非常严格，电力行业实行政企高度合一的行政管理体制，并由一家企业在全国范围内独家开展经营。改革开放之后，中国电力体制改革呈现出放松管制、逐步引入市场竞争机制的特征，大体经历了三个阶段。

1. “放开发电市场，打破独家办电”阶段（1985～1997年）

1985年之前，中国政府对电力产业实行中央垂直垄断管理体制，政企合一。国家“独家办电”的管理体制，在当时特定的历史时期，发挥了资源集中能力强的特点，建成了一些电力骨干工程。但抑制了地方、企业等其他经济成分办电的积极性，以致电力供应不足成为当时制约经济发展的“瓶颈”。

为调动地方、企业、外资等各类经济主体办电的积极性，扭转电力短缺局面，1985 年中国国务院颁发了《关于鼓励集资办电和实行多种电价的暂行规定》，提出了“政企分开，省为实体，联合电网，统一调度，集资办电”和“因地因网制宜”的方针，并实行了“新电新价”政策，开始第一轮市场化改革。这一时期的改革主要集中在两个方面：一是放松发电领域的市场进入限制及改革上网电价制度，创造发电市场的投资激励机制，吸引社会资金投资兴办发电厂；二是为调动地方政府的积极性，在管理体制上以省为经营实体。这些政策的调整和实施产生了以下两个积极结果。一是极大地激发了地方政府和外资的投资积极性，促进了电力工业的快速发展。到 1997 年，全国性的严重缺电局面基本得到缓解。二是打破了多年国家垄断的市场格局，在发电市场上逐步形成了多元投资主体的市场结构。

但原有的体制性矛盾仍然存在，包括如下：电力部门政企合一的管理体制并没有打破；发电市场公平竞争的环境也未形成，同时还出现了一些新的问题，进一步凸显了原有的体制性矛盾。出现的新问题主要体现在以下三个方面。一是在发电市场上存在着两类性质截然不同的参与者，其一是政企合一且垂直垄断经营（发电、输电、配电、售电一体）的原电力工业部及其所属企业，其二是仅从事发电业务的独立发电厂或公司。这两类参与者的市场竞争地位显然是不平等的。随着电力供需矛盾的根本扭转和发电市场竞争程度的逐步加强，这一问题开始显现，两类参与者不公平竞争的矛盾日趋激化。二是中央政府的监管能力削弱，地方保护主义势力逐步增强，导致省间电量交易壁垒严重，资源得不到优化配置。三是由于电价形成机制不合理和价格监管能力不足，导致出现了强烈的价格倒逼现象，使得终端用户电价不断攀升。同时多元投资主体的出现也对传统体制——政企合一下的垄断体制形成了巨大冲击。

2. “政企分开、部分地区市场化改革试点”阶段（1998～2001年）

此阶段实施的改革开始涉及电力工业的深层次矛盾，重点是解决政企不分的问题，同时在五省一市进行以“厂网分开，竞价上网”为主要内容的电力市场化改革试点。

1994年，党的十四大提出了建立社会主义市场经济体制的目标，电力工业改革从此走上了快车道。1994年初，当时的电力部党组提出了“公司制改组，商业化运营，法制化管理”的改革战略。1994年9月25日，《全民所有制电力企业转换经营机制实施办法》出台。它明确了“电力企业”的法律地位，界定了电力主管部门与企业之间的关系，为推进电力企业改革奠定了基础。1994年8月4日，山东华能发电股份有限公司股票在美国纽约证券交易所挂牌上市，成为中国首家在纽交所上市的大型电力企业。

1995年12月28日，八届全国人大常委会第十七次会议通过《电力法》，并从1996年4月1日开始施行。《电力法》的正式颁布和实施，标志着中国电力工业已进入法制化管理时代，为政企分开铺平了法制道路。电力工业适时推进财税、投资、计划、建设体制改革和现代企业制度试点，转换经营机制。

为了解决政企合一的体制性弊端，1996年底，国务院决定组建国家电力公司。1997年1月16日，国家电力公司宣告成立。国家电力公司采取国有独资形式，是经营跨区输电的经济实体和统一管理国家电网的企业法人，按企业集团方式经营管理。1998年3月，九届全国人大一次会议批准了国务院机构改革方案，撤销电力工业部，将电力工业部和水利部的电力行政管理职能移交国家经贸委。1998年12月24日，国务院办公厅转发国家经贸委《关于深化电力工业体制改革有关问题的意见》，要求深化省级电力公司为实体的改革，每个省（区、市）只设一个省级电力公司，对全省电网实施统一规划，统一管理。1999年和2000年先后将南方电力联营公司，华东、华中、西北电力集团公司改组成为国家电力公司的分公司。从2000年开始，各省的电力工业局撤销，将电力行政管理职能交给各省（区、市）经委。中国电力企业联合会继续履行电力行业管理和服务职能，各省（区、市）陆续组建了省（区、市）电力行业协会。通过此次改革，初步形成了国家经贸委、国家计委等部门行使政府管电职能，国家电力公司等电力企业自主经营，中国电力企业联合会等行业协会自律服务的体制框架。

1997 年 11 月，国家电力公司为进一步建立发电竞争市场做准备，正式启动内部模拟市场，即在电力企业内部，用市场的办法进行管理，将自己的发电厂、供电局变成一个相对独立的“企业”，并对其进行考核管理。但内部模拟市场只是按市场方式进行运作的雏形，虽然为电力市场的真正运营打下了一定的基础，积累了一定的经验，但始终是一种内部管理模式，仍不能真正实现“公平、公正、公开”地对待各个发电企业。

1998 年 6 月，国家电力公司提出了“实行厂网分开、建立发电侧电力市场实施方案框架”，明确了山东、上海、浙江 3 个省市为试点单位。同年 11 月，国务院转发了国家经贸委“关于电力体制改革的若干意见”，并将辽宁、吉林、黑龙江 3 省与山东、上海、浙江同时列为“厂网分开、竞价上网”的试点单位，探索破除垂直一体化垄断的可行途径。这标志着中国正式启动建立竞争性电力市场，同时也标志着电力工业通过深化改革打破垄断，形成统一、开放、有序的电力市场的开始。

为加快电力工业改革的步伐，中共十五届五中全会做出了“深化电力体制改革，实行厂网分开、竞价上网、健全合理的电力形成机制”的决定，以形成“政府管理、行业协会自律服务、企业自主经营”的新型体制框架。2000 年，国务院成立了以国家计委牵头，由国家经贸委、财政部、体改办、国电公司、中电联等单位参加的电力工业体制改革协调小组，同年 11 月 6 日做出了“关于电力体制改革的若干意见”。总体原则是：“总体设计、分步实施，从易到难，积极稳妥。”特征是：“放开发售两端、输配分开结算、形成区域电力市场、政府依法监督。”此外，国家计委、国家经贸委、财政部等单位进行了上网电价制度的改革，改“还本付息”电价为“经营期电价”，明确要求规范电价管理，取消电价外加价，取消征收电力建设基金，整顿电力企业的经营性收费项目，向电价规范化管理前进了一步。经过此阶段的改革，电力产业政企合一的体制性弊端得到了一定程度的克服，其基本矛盾主要集中在垂直一体化的行业垄断上。

自 1996 年 2 月起，中国装机容量和发电量均居世界第二位，成为名副其实的电力生产和消费大国。从 1996 年开始，中国基本上扭转了长期困扰中国经济发展的电力严重短缺局面，电力供应基本平衡略有裕量。2000 年 4 月，全国装机容量突破了 3 亿千瓦大关。

3. 厂网分开、市场化改革全面推进（2002～2006 年）

伴随着独立发电厂的发展壮大，电力产业的体制性矛盾日趋明显。解决问题的关键举措是借鉴美国、英国等西方发达国家电力改革的成功经验，通过产业重组打破传统的垂直一体化结构，引入市场竞争机制。概括来讲，产业重组的目标模式是按产业链——发电、输电、配电和售电进行分拆和重组，将竞争环节（发电、售电）与自然垄断环节（电网）相分离，电网为保证发电和售电环节的竞争提供必要的基础。从重组时序看，发电环节应最先引入竞争，实行厂网分开，竞价上网，建立公平的市场竞争机制；售电环节（零售市场）逐渐引入竞争机制，使终端用户能够自由地选择供电商；输电环节和配电环节仍被视为自然垄断领域，可保持适当的管制，但输电和配电要逐步实现分离，在管制方法上也应逐渐采用最高限价等激励性规制，提高管制的效率。

2002 年 3 月 5 日，国务院发布了《国务院关于印发电力体制改革方案的通知》（国发〔2002〕5 号，简称“5 号文”），指导和推进电力体制改革，电力体制改革工作小组同时成立，负责组织电力体制改革方案的实施工作，进行资产重组。根据改革方案，电力体制改革的总体目标是：打破垄断，引入竞争，提高效率，降低成本，健全电价机制，优化资源配置，促进电力发展，推进全国联网，构建政府监管下的政企分开、公平竞争、开放有序、健康发展的电力市场体系。“十五”期间电力体制改革的主要任务是：实施厂网分开，重组发电和电网企业；实行竞价上网，建立电力市场运行规则和政府监管体系，初步建立竞争、开放的区域电力市场，实行新的电价机制；制定发电排放的环境折价标准，形成激励清洁电源发展的新机制；开展发电企业向大用户直接供电的试点工作，改变电网企业独家购买电力的格局；继续推进农村电力管理体制的改革。

电力体制改革方案的 4 个核心部分分别是：厂网分开、竞价上网、建立科学合理的电价形成机制和建立国家级的电力监管委员会。通过此次电力体制改革，中国电力产业内实现了厂网分开，初步引入了竞争机制，电力产业的运营模式、监管模式发生了巨大变化。电力体制改革的具体方案如下。

• 厂网分开

通过开展电力体制改革，将掌握全国几乎全部电网资产和50%发电资产的国家电力公司按照发电和电网两类业务划分并分别进行资产重组（见图2.2）。

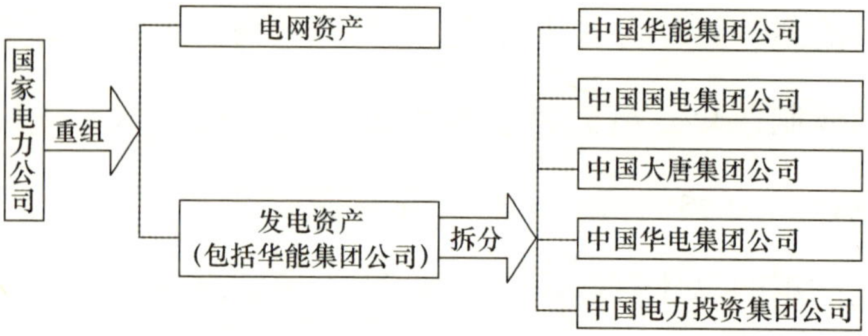

图2.2　厂网分开示意图

重组之后成立国家电网公司和南方电网公司。国家电网公司作为原国家电力公司管理的电网资产的出资人代表，按照国有独资形式设置，在国家计划中实行单列。由国家电网公司负责组建华北（含山东）、东北（含内蒙古东部）、西北、华东（含福建）和华中（含重庆、四川）5个区域电网公司。南方电网公司由广东、海南和原国家电力公司在云南、贵州、广西的电网资产组成，按各方面拥有的电网净资产比例，由控股方负责组建南方电网公司。

国家电网公司主要负责各区域电网之间的电力交易、调度，参与跨区域电网的投资与建设；区域电网公司负责经营管理电网，保证供电安全，规划区域电网发展，培育区域电力市场，管理电力调度交易中心，按市场规则进行电力调度。区域内的省级电力公司改制为区域电网公司的分公司或子公司。国家电网公司除保留约20%的发电企业作为调峰使用，其余发电企业重组为5家全国性的发电公司，由国务院分别授权经营。

• 竞价上网

在区域电网公司经营范围内，设置一个或数个电力调度交易中心，在发电领域全面引入市场机制，根据各地情况，建立相应的市场竞争规则和市场交易制度，最终实现谁的发电质量高，谁的环保条件好，谁的价格低，就允许谁发电。实施厂网分开之后，电网公司作为国有独资企业仍然垄断着输电、配电与售电环节，但是由于从资产关系上切断了电网公司与发电企业之间的联系，能够保证实施竞价上网时各发电商处于相对公平的地位。

• 建立科学合理的电价形成机制

理顺电价机制是电力体制改革的核心内容，新的电价体系划分为上网电价，输、配电价和终端销售电价。首先在发电环节引入竞争机制，上网电价由容量电价和市场竞价产生的电量电价组成。对于仍处于垄断经营地位的电网公司的输、配电价，要在严格的效率原则、成本约束和激励机制的条件下，由政府确定定价原则，最终形成比较科学、合理的销售电价。

2003年7月，国务院批复了以发挥市场机制作用为特征的《电价改革方案》（国办发〔2003〕62号）。相关部门据此出台了上网、输配和销售电价暂行办法，明确了上网电价实行两部制电价，对新建发电机组执行统一的标杆电价，实行煤电价格联动、高耗能产业差别电价以及可再生能源发电价格等政策，电价市场化改革逐步深入。

• 设立电力监管委员会

设立国家层面的电力监管委员会，由其负责规范和监管电力市场运行，维护公平竞争，监督检查电力企业生产质量标准和处理电力市场纠纷，维护消费者权益。按照垂直管理体系，向区域电网公司电力调度交易中心派驻代表机构。

国务院对电监会的主要职责提出了明确要求："制定电力市场运行规则，监管市场运行，维护公平竞争；根据市场情况，向政府价格主管部门提出调整电价建议；监督检查电力企业生产质量标准，颁发和管理电力业务许可证；处理市场纠纷；负责监督社会普遍服务政策的实施。"

2002 年 10 月 15 日，各发电集团、电网公司以及电监会的筹备组宣布成立，12 月 29 日正式挂牌。同时组建的 4 个辅业集团公司是中国葛洲坝集团公司、中国水利水电建设集团公司、中国水电工程顾问集团公司、中国电力工程顾问集团公司。电力工业长期以来的垂直一体化垄断经营模式初步得到改变，发电侧竞争态势基本形成。原国家电力公司的分拆和资产重组加快了国有电力企业的改革步伐。2002 年以来，新组建的发电公司在建立现代企业制度、组织结构调整和企业内部管理等方面都取得了较明显的进步。

根据5号文精神，国务院办公厅发布了《国务院办公厅关于印发国家电力监管委员会职能配置内设机构和人员编制规定的通知》，具体明确了电力监管委员会的主要职责、机构设置和人员编制。国家电力公司重组为五大发电公司和两个主要电网公司后，国家电力公司行使的监管等职能移交至电监会行使。

电监会成立后，逐步建立了国家、区域和部分省区3个层面的电力监管组织体系，中国电力市场监管得到加强。2005年5月1日，《电力监管条例》正式颁布施行。《电力监管条例》详细列出了监管机构、监管对象和内容、监管职责、监管措施和法律责任，为推进电力工业市场化的改革提供了法制保障，标志着政府对电力工业的管理正式步入依法监管的新阶段。

2001年以来，在中国经济步入新一轮景气周期、全国电力供需矛盾紧张的背景下，中国电力建设进入了历史上发展最快的时期，每年投产发电装机规模都在1500万千瓦以上。2004年5月，全国电力装机容量突破4亿千瓦大关。2002～2006年，发电装机和发电量年均增长率达到13.1%和13.8%，仅用3年多的时间就扭转了全国大范围缺电的局面，为中国经济社会的快速发展作出了重要贡献。

4. 加快电力市场建设、深化电力体制改革（2007～2014年）

电力产业经过上述几个阶段的改革，取得了一些重要的积极进展：政企分开、政资分开、政事分开的新型体制框架初步建立，电力监管体制建设取得进展；厂网分开基本实现，发电领域竞争态势已经形成；在电力投资体制改革、电力企业重组改制、电价改革、区域电力市场建设、电力法制建设等领域迈出重要步伐，促进了中国电力工业的发展。但是，电力体制改革所取得的成果只是阶段性的，改革任务尚未全部完成，仍存在一些亟须解决的问题，如电力市场体系需进一步完善、独立的输配电价机制尚未形成、电网企业主辅分离改革需要完成、电力监管体系还不到位、法制建设需要加强、电网发展滞后等，要抓住电力供需矛盾缓解的有利时机，坚持从中国实际出发，借鉴国际成功改革经验，巩固已有改革成果，把电力体制改革继续推向深入，促进电力工业持续健康发展。

2007 年 4 月 6 日，国务院办公厅发布了《关于“十一五”深化电力体制改革实施意见的通知》（国办发〔2007〕19 号），明确了下一阶段的电力改革任务。深化电力体制改革的总体思路是：按照《国务院关于印发电力体制改革方案的通知》（国发〔2002〕5 号）确定的改革方向和总体目标，巩固厂网分开，逐步推进主辅分离，改进发电调度方式，加快电力市场建设，创造条件稳步实行输配分开试点和深化农村电力体制改革试点，积极培育市场主体，全面推进电价改革，加快政府职能转变，初步形成政府宏观调控和有效监管下的公平竞争、开放有序、健康发展的电力市场体系。

5. 启动新一轮电力体制改革阶段（2015 年 3 月至今）

2002 年国务院正式批准《电力体制改革方案》，决定对电力工业实施市场化改革。经过10余年的改革历程，电力行业破除了独家办电的体制束缚，初步形成了电力市场主体多元化竞争格局。但与此同时，电力行业发展还面临一些矛盾和问题，突出表现如下：交易机制缺失、市场化定价机制尚未完全形成等问题仍然突出，造成了市场配置资源的决定性作用难以发挥，现行电价管理仍以政府定价为主，电价调整往往滞后于成本变化，难以及时并合理反映用电成本、市场供求状况、资源稀缺程度和环境保护支出。

2015年3月刚推出的“新电改”方案进一步明确了坚持市场化改革的原则，强调区分竞争性和垄断性环节，意味着推动10余年之久的中国电力市场化改革“破冰”再次迈出实质性步伐。“新电改”的核心内容是管住中间、放开两头，这是深化中国电力体制改革的合理选择。管住中间是指对具有自然垄断属性的输配电网环节加强政府监管、实行政府定价，确保电网公平开放、市场公平交易，并更好地实现电网科学规划，充分发挥电网规模效益，提高管理效率。放开两头是指在发电侧和售电侧实行市场开放准入，引入竞争，放开用户选择权，形成多买多卖的市场格局，价格由市场形成，发挥市场配置资源的决定性作用。

此次电力改革方案，明确了“三放开、一独立、三强化”的总体思路和改革路径。强调在进一步完善政企分开、厂网分开、主辅分开的基础上，按照管住中间、放开两头的体制架构，有序放开输配以外的竞争性环节电价，有序向社会资本放开配售电业务，有序放开公益性和调节性以外的发用电计划；推进交易机构相对独立，规范运行，还原了电网作为专门的电力输送通道的公益属性，把买卖电的职能交还给发电企业和用户，让电力交易更加独立；进一步强化政府监管，进一步强化电力统筹规划，进一步强化电力安全高效运行和可靠供应。根据此次改革方案，电网将不再以上网电价和销售电价价差作为收入来源，而是按照政府核定的输配电价收取过网费，有利于电网企业降本增效，提升输配电服务水平，促进电网的良性发展；发电企业可以通过降低成本、提高生产效率的方式，增强竞争力，争取更多的发电量和收入利润；电力用户更加便利，工业和商业电力用户拥有自主选择权，增强了市场中的议价能力，用户权益可以得到更好的保障。

另外，“新电改”方案还提出了进一步深化电力体制的实施步骤：一是方案出台后，积极研究制定改革相关的各项配套政策；二是制定改革试点方案，防范改革风险；三是在电价改革、市场体系、售电侧放开、增量配电业务投资和新能源发展等方面，通过试点推进，逐步探索改革实施的道路。

但客观地说，“新电改”方案还不够彻底，很多实质性的问题并没有真正得到解决。比如说2002年就已经提出的输配分离，因为触及了电网的最核心利益暂时被搁置；再比如售电侧放开本来是本轮电力改革的最大红利，有望改变目前电网公司统购统销的垄断局面，但民间资本如何顺利进入参与竞争还有待在改革中探索。

（三）铁路运输业的市场化改革

铁路是中国国民经济中的一个重要的基础领域，在经济社会中有着重要的作用。与不少发达国家出现的铁路运输日趋衰落的现象相反，在未来相当长的一段时期内，中国的铁路运输仍将处于持续快速增长阶段，在某些地区、某些时期，甚至还会出现铁路运输紧张的局面，因此，中国铁路行业仍然处于发展时期，中国铁路建设和改造任务仍很繁重。

新中国成立以来，中国铁路一直实行政企合一的管理体制，铁道部作为国务院的铁路主管部门，直接管理铁路运输、工业制造、工程施工等企业，集中统一指挥铁路运输，并负责筹集铁路建设资金、承担经营盈亏责任等。这种政企合一的管理体制，在计划经济时期曾发挥过积极的作用，但从改革开放以来，体制性弊端不断呈现。为了适应社会主义市场经济体制，中国铁路采取了很多改革措施。2000 年，经国务院批准，原由铁道部直接管理的铁路机车车辆工业总公司等 5 个非运输企业和 10 所高等院校与铁道部脱钩，打破了铁路几十年沿袭下来的大一统封闭体制；2003 年以来，铁路进一步加大主辅分离和社会职能移交的力度，先后将铁路物资、设计、施工企业移交国资委及所属企业管理，将铁路中小学校、医院全部移交地方政府管理，进一步精干了运输主业。但是由于这些改革未能从根本上改变铁路传统体制，随着社会主义市场经济体制的逐步建立，以及交通运输大部制的推进，铁路政企不分、铁道部直接管理国有铁路运输企业的管理体制，已成为中国铁路加快转变发展方式、实现科学发展的主要障碍。为此，推进政企分开为核心的铁路体制改革在近些年摆上议事日程，特别是从2013年初起，铁路改革提速，至今取得了一些重大实质性进展。

1. 改革开放以来中国铁路运输管理体制的演变

纵观改革开放以来中国铁路运输管理体制的演变，大体上可划分为下述四个阶段。

（1）第一阶段：放权让利阶段（1982～1985年）

在这一时期，铁路系统基本上沿袭了计划经济体制下高度集中、大而全和具有半军事化特点的管理模式。在这一阶段，铁道部为搞活企业，调动企业的积极性，在计划、财务、劳资、物资、人事等方面对下属路局进行了有限的放权让利，铁路部门除了向国家上缴营业税和所得税外，以一定的利润基数，每年向国家递增上缴。但这并未从根本上改变指令性管理体制。

（2）第二阶段：经济承包责任制（“大包干”）阶段（1986～1992年）

这一时期的主要特点是铁路管理方式由生产型管理向生产经营型管理转变。1986年3月，国务院下发了《关于铁道部实行经济承包责任制的方案》，实行“投入产出、以路建路”的经济责任承包制。“大包干”的主要内容是：包客货运输任务量，即包客货运量、煤炭及晋煤外运量；包机车车辆生产任务；包铁路基本建设规模和形成运输能力；包基本建设投资和机车车辆购置费用；

包缴纳税费，即对国家财政包定基数，保证上交。这是以铁道部为单位的一种全面的经济承包责任制，这种制度安排使得铁道部能以自己的经营结果同投资权挂钩，实现“以路建路”。经济承包责任制打破了国家对铁路“收支两条线”的财务体制，使铁路企业财务从国家财政中分离出来。

在当时的体制环境下，“大包干”在一定程度上打破了计划经济时期僵化的管理体制，铁路运输企业开始拥有一定的经营自主权和积累能力，效益意识有所增强，并能够以自身积累开展铁路基本建设，调动了各方面的积极性，但仍无法解决政企不分的问题。在此阶段，政府还给予铁路相应的优惠政策，包括大幅度降低运输企业营业税率，豁免铁路建设“拨改贷”本息，运输企业实行工资含量包干，合资铁路和有亏损的新线实行地方运价、特殊运价等等。

（3）第三阶段：公司化改造与资产经营责任制阶段（1993～1999年）

1993年2月，成立广铁集团，开始铁路局公司制改造试点。1995年12月，成立大连铁道有限公司，进入铁路分局公司制改造试点阶段。1996年3月，广深铁路海外上市。1998年，铁道部实行机构改革，局部政企分开。1999年，全路推行资产经营责任制。所谓资产经营责任制，是铁道部作为国家铁路国有资产的出资人代表，对铁路局实施的以明确企业法人财产权为基础，以落实国有资产保值增值为核心，以提高国有资产经营效益为目的的经营责任制度。资产经营责任制试图确立铁路局的市场主体地位，通过界定政府和企业责权利边界，落实铁路局的经营自主权。运输系统在 4 个路局试点基础上，各路局与铁道部之间根据事先设定的资产经营目标形成契约关系，铁道部授予各路局 12 项经营自主权，铁道部在国有资产价值形态上加大了对铁路局的考核监督力度，各路局对国有资产的保值增值意识有所增强。

（4）第四阶段：制度创新阶段（2000 年以来）

2000 年以来，围绕打破垄断和引入竞争，中国政府积极探索和适时推进铁路运输管理体制改革，在某些方面取得了重要进展。

• 积极探索铁路总体改革方案

2000 年，当时的铁道部提出了“网运分离”铁路改革方案。该方案参考欧盟国家的铁路改革经验，将 14 个铁路局组建成几家大的铁路客运和货运公司，直接面向市场承揽运输业务。同时，铁路路网剥离出来成立一家全国性的路网公司，负责路网的建设、保养和铁路调度。依照“网运分离”改革总体方案，2000 年，昆明等直管站段铁路和广铁集团开始模拟客运公司运营；2001 年，铁路运输企业实施新的财务制度，客货网分账核算。尽管“网运分离”方案被各界认为是有创新性的方案，代表世界铁路改革的主流方向，但受客观条件的制约，在确保铁路正常运营的压力下，“网运分离”改革方案于 2002 年被终止，客运公司也被撤销。2003 年，相关部门又提出了“网运合一、区域竞争”铁路改革方案。这一方案主要参考了美国与加拿大的铁路运营和管理体制。

其主要内容是：由铁道部相关部门组建国家铁路总公司，接受管理部门的授权，代表国家行使铁路经营职能。在此之下，组建多个铁路运输集团公司及铁路建设投资公司开展区域竞争。“网运合一、区域竞争”方案被认为是对铁道部震动较小、改革成本也较小的一个现实方案，得到一些业内人士的赞同。但反对者认为，这种方案尽管可以在短期内解决政资分开和政企分开的问题，却并不符合实现充分而公平的竞争性市场的原则，不能解决市场垄断的问题。该方案同样被搁置。

● 开展主辅分离改革，剥离社会职能

铁路长期以来背负着大量的社会职能，维系着“两级法人，四级管理”的内部组织结构。截至 2003 年，在中国铁路系统 240 万员工中，非运输人员有 100 多万人，占了近 40% 的比例。这种状况愈来愈难以适应市场化与提高管理效率的要求。“十五”期间，铁路在剥离社会职能，开展主辅分离方面采取了重大举措。826 所中小学、208 所医院全部移交地方管理；铁道部将中铁物资总公司与铁通通信公司移交国资委；铁道部部属 4 个勘察设计院、铁路局所属 38 家设计施工企业移交国资委下属的工程总公司和建筑总公司；其他的多种经营企业也进行剥离改制。这些新公司将以建立现代企业制度为努力方向，立足铁路市场，全面参与国内外铁路、公路和建设等建筑市场，并直接参与中长期铁路网规划的落实。主辅分离改革推进了多元经营与运输主业分开，既精干了运输主业，也促进了辅业单位的发展。

• 进行运输企业组织结构调整

原有的铁路运输生产企业组织结构是在计划经济和装备技术水平落后的条件下形成的。随着体制的转变与装备技术水平的提高，铁路分局管理跨度小，且大而全、小而全，站段数量过多，资源配置分散等弊端日趋暴露。为适应体制转变与装备技术水平提高的客观要求，“十五”期间，铁道部撤并383个站段，站段数量减少30%左右；一次性撤销了全路所有铁路分局，从2005年3月18日起，包括北京铁路分局在内的全国41个铁路分局不复存在。此次改革使铁路原有的四级管理层次减少了铁路分局这一级，变成铁道部－铁路局－站段的三级管理模式。其后，各铁路局成立适应直接管理站段的调度指挥机构，对铁路局管辖范围内的运输工作统一指挥、集中调度，机车交路、客车担当、乘务制度、列车安全技术检查区段维持不变。铁路局直接管理站段，解决了长期以来两级法人管理体制不顺的问题，有利于提高组织管理效能，降低运营管理成本。不过，对于此次改革，社会上也提出了一些改进建议：铁道部作为政府，应注意决策形成、制定、实施时的公众参与性，提高其透明性和公开性；注意调整铁路职工的心理和实际承受能力，降低人们对改革的不确定性，使更多的人成为实施调整的主动支持者。

• 积极推进铁路企业改制

建立现代企业制度是国有企业改革的方向。2000年以来，铁道部在探索新的运输管理体制过程中，积极推进铁路企业改制，着重进行微观市场主体的塑造，对内部路网和运输企业（优质资产）进行股份制改造，股份制改造试点取得积极进展。虽然规范改制的企业或线路还局限于一定的局部或范围，但对于全路建立现代企业制度和规范改制仍具有一定的示范效应。

• 推进投融资体制改革

中国铁路系统是受计划经济影响最大、时间最长的领域之一，铁路投融资体制深深地打上了计划经济的烙印。铁路实现跨越式发展，进行大规模的建设，必须具有资金的保证。原先的投融资体制根本无法保证新的发展战略所要求的巨额资金。为此，铁道部积极推进铁路投融资体制改革，引入多元投资主体。

（5）第五阶段：2013 年以来铁路改革取得新进展

• 政企分开

2013 年 3 月，根据第十二届全国人民代表大会第一次会议审议的《国务院关于提请审议国务院机构改革和职能转变方案》的议案，铁道部实行铁路政企分开。将铁道部拟定铁路发展规划和政策的行政职责划入交通运输部，交通运输部统筹规划铁路、公路、水路、民航发展，加快推进综合交通运输体系建设；组建国家铁路局，由交通运输部管理，承担铁道部的其他行政职责，负责拟订铁路技术标准，监督管理铁路安全生产、运输服务质量和铁路工程质量等；组建中国铁路总公司，承担铁道部的企业职责，负责铁路运输统一调度指挥，经营铁路客货运输业务，承担专运、特运任务，负责铁路建设，承担铁路安全生产主体责任。中国铁路实现了政府与企业职能在组织机构上的分开。铁路政企分开，标志着铁路改革取得重大进展，标志着铁路发展进入新阶段。

• 货运组织改革

2013 年 6 月，中国铁路总公司开启铁路货运组织改革，旨在从根本上改进铁路货运服务，并依托铁路全天候、大运力、低运价等优势，从整列大宗货物运输到高铁快递包裹，全面参与现代物流业竞争。中国铁路总公司对其直属的中铁快运、中铁集运和中铁特货 3 家货运公司进行改革，将原本配属 3 家公司的行李车、班列、仓库站场等资产由地方路局收回，3 家公司从运输经营职能转向运输管理职能。各铁路局将车务站段、直属和区域物流公司、装卸公司、集装箱公司、快运公司等单位的相关业务整合，在其管区范围内组建若干货运中心。由这些新组建的货运中心，全面负责区域内货运营销、货运客户服务、门到门运输组织以及货运规章、运价、危险品、专用线、装卸、报价、企业自备车等项工作。

2014 年 4 月 1 日起，中铁快运公司在北京、上海、广州、沈阳等国内 20 座城市陆续推出包含“当日达、次日达、次晨达”3 项服务的高铁快递业务。

• 尝试放开铁路运价

2013 年 8 月国务院发布的《关于改革铁路投融资体制加快推进铁路建设的意见》提出，坚持铁路运价改革市场化取向，按照铁路与公路保持合理比价关系的原则制定国铁货运价格，分步理顺价格水平，并建立铁路货运价格随公路货运价格变化的动态调整机制，创造条件，将铁路货运价格由政府定价改为政府指导价，增加运价弹性。2014 年 4 月 1 日，国家发展和改革委员会公布的《关于包神、准池铁路货物运价有关问题的通知》明确，包神铁路货物运价由政府定价改为政府指导价。自 2014 年 4 月 1 日起，基础运价率由每千米 0. 15 元调整为 0. 2 元，铁路运输企业可在上浮不超过 10%、下浮不限的范围内，根据市场供求情况自主确定具体运价水平。准池铁路投入运营后，货物运价实行市场调节，由铁路运输企业与用户、投资方协商确定具体运价水平。这是国内放开铁路运输价格的首次尝试。4 月 14 日，高铁客货运也开始尝试定价自主化，京沪、京广高铁列车的高级席位车票开始打折，北京南至南京南的高铁二等座也开始打折。

● 筹备设立铁路发展基金

2013 年 8 月国务院公布的《关于改革铁路投融资体制加快推进铁路建设的意见》指出，将研究设立铁路发展基金，以中央财政性资金为引导，吸引社会法人投入，明确向地方政府和社会资本放开城际铁路、市城铁路、资源开发性铁路和支线铁路的所有权和经营权。2014 年 4 月，国务院常务会议确定深化铁路投融资体制改革、加快铁路建设的政策措施，主要内容是：设立铁路发展基金，拓宽建设资金来源，吸引社会资本投入，使基金总规模达到每年 2000 亿～3000 亿元。铁路发展基金的推出被认为是铁路投融资体制改革的实质性步伐，其定位为有中央政府背景的政府性投融资平台，设立目的是满足国家政策意图、吸引社会资本参与、盘活铁路用地资源、逐步扩大建设资金规模。铁路发展基金主要投资国家规定的项目，社会投资人不直接参与铁路建设、经营，但保证其获得稳定合理回报。2014 年及 2015 年铁路发展基金计划共募集 4000 亿～6000 亿元，每年 2000 亿～3000 亿元，其中中央财政性资金（由中央预算内资金 200 亿元、车购税 150 亿元、铁路建设基金 400 亿元）与社会资金的比例为1∶2～1∶3。

2014 年 5 月，发展改革委牵头会同财政部、住房城乡建设部、国土资源部、环境保护部、人民银行、银监会、国家铁路局、铁路总公司等部门和单位，建立了铁路投融资改革和建设项目前期工作协商会议制度，并于 5 月 19 日召开了第一次会议。会议提出，一是抓紧出台铁路发展基金管理办法，尽早组建铁路发展基金公司；二是抓紧将支持铁路建设实施土地综合开发意见报国务院；三是加快新开工项目前期工作；四是各级发展改革委要加强协调、专题研究、逐项调度、创造条件，确保完成社会投资铁路建设目标。

2. 现行铁路体制仍然存在一些深层次问题

尽管铁路实施了以政企分开为突破口的改革，改革使中国铁路发展呈现出一些新的气象。不过，铁路改革并未完成，许多深层次体制问题有待进一步解决。

一是铁路企业尚未成为真正的市场主体，缺乏满足市场需求的积极性，对市场需求反应不够灵敏，应对市场竞争的手段缺乏。

二是投融资渠道单一，缺乏财务可持续能力。多渠道资金来源的产权归属不明确，管理及运营缺乏规范化的市场运行机制和必要的社会法律环境，造成地方和企业投资铁路的积极性不高。

三是尚未确立市场化铁路运价形成机制，现行刚性的报批性价格形成机制既不反映运输成本，也不反映运输市场的供求关系。

四是市场进入壁垒。虽然在政策上允许社会资本参与铁路投资建设，但铁路行业管理中实际存在非常复杂的审批，社会资本进入铁路领域十分困难。

五是公益性铁路建设问题。铁路企业进行公益性铁路建设，使其债务负担沉重，影响持续发展和投资的能力。公益性和经营性铁路的混合，带来财务清算困难、交叉补贴严重，铁路企业可将经营性亏损算作公益性亏损范围，从而失去改善经营、降低成本的激励。

六是铁路债务问题。巨额的资金投入，仅靠铁路部门自身的力量无法解决，甚至还不足偿还快速增长的债务本息。铁路财务状况恶化，大大削弱了铁路投资改善基础设施的能力，进一步损害了铁路提高经营绩效的能力，长期恶性循环，铁路财务危机愈演愈烈。

（四）石油天然气的市场化改革

1. 中国石油天然气行业体制的演变

1949 年以后，中国石油天然气行业的体制大体上经历以下三个阶段。

（1）完全垄断阶段（1949～1998年）

1949年，首届中央政府成立燃料工业部，下属的石油管理局统一管理全国石油勘探开发。此后，在高度集权的苏联计划经济模式下，燃料工业部、石油工业部等实行政企合一的经营管理模式，对全国石油天然气行业上游勘探开发业务实行垄断经营。虽然1982年成立了中国海洋石油总公司，1983年成立了中国石油化工总公司，1988年又成立了中国石油天然气总公司，但在陆海分割、上下游分开、内外贸分离的行业管理模式下，并没有改变天然气上游市场的垄断经营局面。1998年中石油和中石化两大公司重组之前，在陆海分割管理模式下，中石油享有陆上天然气勘探开发和对外合作的垄断经营权，中海油享有海上天然气勘探开发和对外合作垄断经营权。

（2）垄断竞争阶段（1998～2011年）

1998年，国家按照政企分开、按地域组建、上下游结合、各有侧重、互相交叉、保持优势、有序竞争的原则，对原国家石油天然气总公司和中国石油化工总公司进行重组，分别组建了中国石油天然气集团公司和中国石油化工集团公司。2000年2月，原新星石油公司整体并入中国石油化工集团公司。中国石油天然气集团公司、中国石油化工集团公司与中国海洋石油集团公司一起，成为自主经营、自负盈亏、上下游一体化的市场竞争主体。根据规定，三大石油公司可以在全国范围内申请石油天然气勘探开发区块，中石油、中石化可以下海，中海油也可以登陆，但除延长石油被允许在特定区域内从事石油天然气勘探开发外，其他企业仍然不被允许进入石油天然气勘探开发业务领域。同时，2001 年修订的《对外合作开采海洋石油资源条例》和《对外合作开采陆上石油资源条例》规定，中石油、中石化和中海油分别作为国家石油公司，享有陆上、海上对外合作开采石油资源的垄断经营权。

（3）逐步开放阶段（2011 年至今）

2011 年 12 月，经国务院批准，国土资源部发布新矿种公告，正式把页岩气列为中国第 172 个矿种。2012 年，《国土资源部关于加强页岩气资源勘查开采和监督管理有关工作的通知》规定国家对页岩气勘查开采实行国家一级管理，主要通过招标等竞争性方式出让探矿权，鼓励社会各类投资主体依法进入页岩气勘查开采领域。此前，煤炭工业部 1994 年颁布《煤层气勘探开发管理暂行规定》，对煤层气勘探开发实行统一规划、分级管理，鼓励利用外资、引进国外先进技术勘探、开发煤层气。2014 年 4 月，国家发展改革委颁发《天然气基础设施建设与运营管理办法》，规定天然气基础设施对第三方公平开放；12 月，新奥公司租用中石油江苏如东 LNG 接收站，进口了第一船 LNG，揭开了民营进口天然气的新篇章。另外，随着技术进步和天然气市场发展，越来越多企业进入煤制天然气生产领域，大唐集团的克什克腾旗煤制气项目 2014 年已经开始向北京供气。总之，这个阶段，虽然石油天然气生产仍然由国家石油公司垄断经营，但在天然气进口、非常规天然气和煤制天然气生产领域，已经逐步放开。

2. 目前石油天然气行业还存在的突出问题

尽管取得上述改革的成绩，但石油天然气行业还存在以下突出的问题。

（1）“占而不勘，占而不采”问题严重

截至2012年底，全国石油天然气探矿权1034个，面积400.93万平方千米，基本都集中在三大石油公司手里，2012年注销及核减矿权面积仅28.97万平方千米。按照《矿产资源勘查区块登记管理办法》有关规定，从第三个勘查年度起，每个勘查年度每平方千米10000元。截至2011年，据统计，陆上区块的约40%未达到这一最低义务工作量。同时，《矿产资源勘查区块登记管理办法》规定石油、天然气勘查许可证有效期最长为7年，但实际上很多勘查区块并未退出，客观上造成了“跑马圈地”的问题。在已发现储量的约12万平方千米采矿权区块中，很多难采储量长期未动用，尚有一定开采价值的尾矿也往往因为经济性不佳而弃置。

（2）对外开放不对内开放

由于国内三大油和延长油矿以外的企业无法拿到油气矿权，一方面这些企业积极在海外勘探开发，有些已经形成规模产能，如中化集团、振华石油、广汇集团等；另一方面有些企业转而以外资身份按照对外合作油气开发的规定进入国内油气勘探开发市场，如中信集团、盛业石油、亿阳能通等。更多的民营企业则以灰色身份通过石油承包等方式与中石油、中石化合作，已具备相当的规模，但由于缺乏明确准入条件和规范，权益得不到保障，存在诸多问题，难以持续发展。

（3）油气管网等基础设施难以做到第三方准入

通过1998年的产业结构重组，中国已初步形成了三大国有石油公司在陆上、海上的勘探开发、管道建设、油气运输和市场销售等领域相互竞争的格局。然而，由于采取“划地域而治”的行业重组方式，导致产业链不匹配和市场控制力区域性不均衡等情况仍然存在。中石油拥有“西气东输”管道天然气项目和其他各地管道天然气份额，占据绝对市场优势；中海油争取建设东南沿海LNG管网，并已获得粤、闽、沪等多个地区项目；中石化通过其他方式进入国内各地天然气市场。三大国有石油公司采取了上中下游一体化经营的模式，在这种产业结构下，中游天然气骨干网络的建设和运营由三家公司垄断，民营天然气企业在进入市场和获得管输服务方面存在相当大的障碍，天然气市场难以形成公平竞争的市场环境。在天然气输配管道建设投资方面，尽管国家鼓励外资进入，但这一政策在实践中的落实情况并不尽如人意。同时，由于无法确定管道建设运营的利润率，民间资本对中游市场往往也望而却步。

（4）难以构建有效的市场

由于各个环节缺乏有效的竞争，以致无法通过市场形成有效反映供需关系的市场价格，都需要政府定价，往往造成企业抱怨亏损、用户抱怨涨价的局面，形成较为突出的社会矛盾。

（五）民航业的市场化改革

在传统的计划经济体制下，中国民航业长期以来一直实行的是政企不分、高度集中统一的军事化、半军事化管理体制。这种管理体制是特定历史条件下的产物，曾对民航发展尤其是满足当时社会政治需要发挥积极作用。随着中国改革开放和国民经济的快速发展，这种管理体制已难以适应航空运输量逐年快速增长的需要，其管制过严、缺乏活力等弊端也逐渐显现出来。按照国家关于经济体制改革的总体部署，不断改革民航原有管理体制，建立适应经济社会发展需要的民航管理体制和运行机制，是国家整体经济体制改革的一个重要内容，也是加快民航业发展的迫切需要。

党的十一届三中全会以来，中国先后进行了三轮民航管理体制改革，取得了令人瞩目的成果。民航的管理体制和运行机制发生了巨大而深刻的变化，原来政企合一、用行政和军事办法实行高度集中统一管理的体制格局被打破，适应社会主义市场经济要求和民航自身发展规律的管理体制和运行机制基本建立。改革为民航发展注入了强大动力，使中国民航面貌发生了巨大而深刻的变化。30 年前，乘坐飞机曾经是身份的象征，那时候，购买机票需要出具单位介绍信，乘机人必须是县团级及以上干部。伴随着中国经济的高速发展，机票一票难求的局面存在了一段时间。民航改革后，购买机票不但不需要介绍信，机票还可以打折，人们出行越来越方便了。随着航空公司开辟更多的航线，机票可以打折，更多的人开始坐飞机，中国民航的大众化特征充分显现。在2004年，中国民航旅客运输量突破1亿人次大关；2006年，自费旅客的比例超过了公费旅客，达到55%。中国在国际民航组织（ICAO）缔约国中的排名从1978年的第37位上升到了2005年的第2位，2005年以来一直在国际民航组织缔约国中排第2位。2009年，中国民航业运输总周转量、旅客运输量和货邮运输量分别完成427.1亿吨千米、2.3亿人和445.5万吨，分别比上年增长13.4%、19.7%和9.3%；9家主要航空公司平均航班正常率为81.9%，服务质量有较大改善；全国年旅客吞吐量超过1000万人次的机场达到14个。

1. 改革开放以来，中国民航业管理体制的演变

改革开放以来，中国民航业管理体制改革大致可划分为下述几个阶段。

（1）第一轮管理体制改革（1979～1986年）

党的十一届三中全会后，中国民航业开始进行管理体制改革。1980年3月，国务院、中央军委发出《关于民航总局不再由空军代管的通知》，决定民航总局从1980年3月15日起成为国务院的直属局。同一天，《人民日报》发表题为《民航要走企业化的道路》的社论，指出民航是国家的重要运输部门，是一个企业单位，要按照办企业的方针来经营管理，民航业要打开新的局面，必须走企业化的道路。从此，民航业的发展从军事化转向以企业化为中心的历史新阶段。1985年1月7日，国务院批转中国民航局

《关于民航系统管理体制改革的报告》，决定民航管理体制要按照“政企分开、简政放权”的原则进行改革。1985 年 2 月 12 日，中国民航西藏自治区管理局成立，至此，除台湾省外所有省市区都成立了民航管理机构。1985 年 12 月 30 日，上海市组建的上海航空公司成立，成为新中国第一家自主经营的国营地方航空运输企业。市场进入管制的放松，为中国民航业的发展注入了新的活力。

（2）第二轮管理体制改革（1987 ~ 2000 年）

1987 年 1 月 30 日，国务院批准中国民航局《关于民航系统管理体制改革方案和实施步骤的报告》。1987 年 10 月 15 日，按照经国务院批准的改革方案，民航局率先在原民航成都管理局进行航空公司与机场分立改革试点，在原民航成都管理局基础上，分别组建了民航西南管理局和中国西南航空公司、成都双流机场，从而拉开了改革开放以来民航管理体制以专业化分工为特征的第二轮重大改革的序幕。

根据政企分开、减少管理层次和简政放权的原则，民航局积极推进管理局、航空公司和机场分设的改革，将民航局、地区管理局、省（区市）局和航空站四级管理改为民航局和地区管理局两级管理；对原来政企合一的北京、上海、广州等六大地区管理局一分为三，先后成立六大骨干航空公司，并允许地方政府、国内企业和公民投资民航企业和机场，一部分省市政府、国内企业纷纷独立投资或与民航总局、中央企业合资，组建了 20 余家航空运输公司和 20 余家通用航空公司；组建北京、上海、广州等六大机场，并把航空运输和通用航空机场分离出来，成立华北、华东、中南等6个地区管理局，将原民航各级管理机构从事的围绕航空主业的服务性业务分离出来，组建9家专业性的直属企业。

1990年之后，民航总局进一步落实企业经营自主权，并改革机场建设和管理体制。1991年，民航总局在直属企业里全面推行承包挂钩工作。1993年，国航、东航和南航组建企业集团，成为国务院首批公布的56家大型试点企业。1994年中国民航总局空中交管局成立，1996年2月，全国民航六大地区空管局相继成立，表明中国民航空管系统开始规范化运作。1996年6月，京沪和沪穗航路由军队管制交由民航管制。

在此阶段，民航系统内国有企业的股份制改革取得积极进展，从国内外资本市场上筹集了大量资金，有力地推动了自身的发展。1995年9月，海南航空公司向美国航空有限公司定向发行了1亿外资股（占当时总股本的25%，后者成为当时第一大股东），募集资金2500万美元。1997年6月，海航发行7100万B股并成功地在上海证券交易所上市，募集资金2.77亿元，成为国内首家境内上市外资股的民航运输企业。1999年10月，海航再次成功发行2.05亿A股，募集资金9.43亿元。资本运营为海航的可持续发展提供了有力的资金支持，海航迅速发展成为国内仅次于国航、南航、东航的第四大航空运输企业。1996年，厦门机场发行A股上市。1997年，东航和南航先后在香港及纽约证券交易所挂牌上市，分别筹资2.82亿美元和7.19亿美元。1998年，虹桥机场和深圳机场先后在国内证券市场上发行A股上市。

（3）第三轮管理体制改革（2001～2004年）

随着社会主义市场经济体制的建立，原有的政企不分的管理体制已难以适应民航业快速发展的需要。2002年初，在长期酝酿和充分调查研究的基础上，党中央、国务院做出了改革民航管理体制的重大决策。此次改革涉及直属航空企业重组、行政管理体制、空管体制、机场管理体制和民航公安体制等方面，是新中国民航成立以来最彻底、最深刻的一次改革。

2001年4月，民航总局召开了民航直属企业改革重组动员大会，为民航管理体制改革做准备工作。2002年3月3日，国务院颁布了《民航体制改革方案》（国发〔2002〕6号，简称“6号文件”）。6号文件要求按照市场取向，实现政企分开，打破行政垄断，克服过度分散，规范市场竞争，发挥市场对民航资源配置的基础性作用，建立符合社会主义市场经济要求的新型民航体制，保证飞行安全和运输生产正常进行，更好地促进民航事业的健康发展，为现代化建设和社会公众服务。

2004年7月8日，民航总局与甘肃省人民政府在兰州举行仪式，民航总局将甘肃省内4个机场移交甘肃省人民政府管理，标志着国务院2002年6号文件规定的民航体制改革各项任务全部顺利完成，与社会主义市场经济和中国民航发展需要相适应，符合民航行业发展规律并与国际接轨的新型民航管理体制基本确立。此次民航体制改革的主要内容如下。

• 航空运输公司与服务保障企业联合重组

原民航总局直属的9家航空公司和4家服务保障企业联合重组为6个集团公司（中国航空集团公司、中国东方航空集团公司、中国南方航空集团公司三大航空运输集团和中国民航信息集团公司、中国航空油料集团公司、中国航空器材进出口集团公司三大航空服务保障集团公司），于2002年10月11日挂牌成立，资产、人员由民航总局移交国资委管理。航空运输公司的重组方案如下。

以中国国际航空公司为主体，联合中国航空总公司和中国西南航空公司，组建中国航空集团公司。集团公司组建后，保留中国国际航空公司的名称，对联合三方进行主辅业分离。航空运输主业及关联资产划入中国国际航空公司，统一使用中国国际航空公司的标志，完成运输主业的一体化；辅业另行重组，由集团公司统一管理。专机部分由中国航空集团公司直接管理，集团公司内部单独核算。

以中国东方航空集团公司为主体，兼并中国西北航空公司，联合云南航空公司，组建中国东方航空集团公司。集团公司组建后，保留中国东方航空股份有限公司的名称，对原中国西北航空公司和云南航空公司进行主辅业分离。将航空运输主业及关联资产规范进入中国东方航空股份有限公司，统一使用中国东方航空集团公司的标志，完成集团公司运输主业的一体化；辅业另行重组，由集团公司统一管理。

以中国南方航空集团公司为主体，联合中国北方航空公司和新疆航空公司，组建中国南方航空集团公司。集团公司组建后，保留中国南方航空股份有限公司的名称，对原中国北方航空公司和新疆航空公司进行主辅业分离。将航空运输主业及关联资产规范进入中国南方航空股份有限公司，统一使用中国南方航空集团公司的标志，完成集团公司运输主业的一体化；辅业另行重组，由集团公司统一管理。

中国航空集团组建后，与旗下其他具有法人地位的子公司和控股、参股公司共同组成以产权为纽带，实行母子公司体制的企业联合体。重组后的中国国际航空公司是中国航空集团公司的主业公司。改制的步骤是：第一步，改制为集团公司的全资子公司；第二步，改制为有限责任公司；第三步，将主业公司上市，使之成为集团控股的上市公司，实现股权多元化。重组后的新国航迅速发挥出整合优势。2004～2006 年，国航先后成功在香港和上海上市，发展成为国内实力最强的航空公司。

中国北方航空公司不仅资不抵债，而且机队主要是麦道飞机，只有少量的空中客车，与南航并不“兼容”，加上新疆航空的实际运营效率并不高，南航进行内部资源整合困难很大。2003 年 1 月 1 日，南航股份、南航北方公司和南航新疆公司国内航班代码代号统一；2003 年 3 月 1 日，南航又完成了 3 个成员企业国际航班代码的统一，并实现了部分驻国内营业部、国外办事处的合署办公。2004 年底，南航集团将中国北方航空公司、新疆航空公司的航空运输业务相关资产、负债经过资产评估，并履行董事会及股东大会批准等法律程序后，注入了南航股份公司，使南航集团不再经营航空运输业务，从而正式完成了南航与北方航空、新疆航空的联合重组。南航股份购入北方航空、新疆航空的主业资产后，该公司机队增至229架，年旅客承运量激增至约4000万人次，约占中国民航旅客运输量的1/3。

南航在控股厦门航空公司、广西航空公司、汕头航空公司、珠海航空公司和贵州航空公司之后，又连续参股了中邮航空公司和四川航空公司，集团规模不断壮大。南航在集团范围内合理配置资源，调整市场布局、航线网络及机队机构，实现优势互补。已分别在香港和纽约上市的南方航空股份公司，又于2003年7月在上海证券交易所以接近净资产的价格（2.70元/股）成功发行了10亿股A股，筹集资金27亿元，进一步壮大了资产规模。

完成联合重组后，三大航空运输集团公司积极进行内部的职能重组、机构重组、人员重组、资产重组、债务重组、运力重组、航线重组、市场网络重组，进行管理理念和企业文化的整合和创新，力求发挥出规模优势。不过，在进行联合重组后，三大航空集团仍然带有传统国有企业的弊端，如分配制度不合理、激励与约束机制不健全、冗员多、历史负担重等，并非通过重组能在短期内消除。此次联合重组也带有很强的行政化色彩，并非是在资源配置最优基础上的市场化重组，为南航和东航带来了较为沉重的财务负担。但是，通过资源整合和转换机制，三大集团的市场化程度得到提高。特别是在民航市场化改革逐步推进的背景下，三大航空集团面对的市场竞争压力越来越大，这有利于三大航空集团适应市场竞争环境，通过市场竞争的洗礼来增强竞争力。

• 改革机场管理体制

《民航体制改革方案》规定，机场实行属地化管理，调动地方政府发展民航事业的积极性，实现机场资源共享、企业化经营，形成有利于机场建设和发展的管理体制。除北京首都国际机场和西藏自治区内的民用机场外，其他省（区、市）原由民航总局直接管理的机场的相关资产、负债和人员平稳移交地方政府管理。机场下放省（区、市）后，接受民航总局行业管理，遵循国家统一制定的民用机场建设和运行管理的法律、法规和规章以及技术标准。

• 改革民航行业行政管理体制

根据航空运输跨省、跨地区运作的特点，改革过程中撤销了民航省（区、市）局，建立了以民航总局－7个地区管理局（民航华北、华东、中南、西南、西北、东北和乌鲁木齐地区管理局）－26个省（区、市）航空安全监督管理办公室为主体的政企分开、垂直领导的民航行政管理体制。民航总局、地区管理局及其派出机构转变职能，将主要职责定位于民用航空的安全管理、市场管理、宏观调控、空中交通管理和对外关系5个方面。

此外，民航总局还于2002年6月颁布了《外商投资民用航空业规定》，取消了对外商投资民航业的一些限制，扩大了外商投资的领域，外商投资机场、航空公司、飞机维修、航空油料等产业只要中方控股即可。2004 年间，民航总局通过个案审批的方式，先后批准了鹰联航空、春秋航空等 5 家民营航空公司的筹建。2005 年 3 月 11 日，奥凯航空公司在天津滨海国际机场实现首航，标志着国内民营航空公司正式“起飞”。

• 改革空中交通管理体制

按照集中统一的原则，改革民航空中交通管理体制，建立了民航总局空中交通管理局 –7 个地区管理局空中交通管理局 –32 个空中交通管制中心（站）为一体的民航空中交通管理体系。

• 完善民航运价形成机制

《民航体制改革方案》要求研究建立政府宏观调控、反映市场供求变化、企业自主有限浮动的客货运输价格形成机制。政府根据航空运输的成本、市场供求状况以及其他替代运输方式的竞争情况，合理确定民航运输价格。航空企业可在规定浮动幅度内确定具体运输价格。政府要加强对民航运输价格的监管，防止恶性竞争。2004 年 4 月 20 日，中国正式实施《民航国内航空运输价格改革方案》。根据该方案的规定，国内航空旅客运输以航空运输企业在境内销售执行的国内各航线票价水平（不含燃油加价）作为基准价，允许航空运输企业在上浮幅度不超过基准价的 25%、下浮幅度不超过基准价的 45% 的范围内，自行制定具体票价种类、水平、适用条件，提前报民航总局、国家发展改革委备案，并向社会公布后执行。

通过上述改革，中国民航产业结构得到优化，行业安全水平提高，航空运输市场秩序趋于规范。联合重组减少了市场主体，形成了以3个航空运输集团公司为主，包括海航、上航、深航等航空公司的运输市场主体结构，市场竞争行为得以规范，同时又放开了市场准入限制，提高了市场竞争活力。改革后的民航总局、地区管理局、省（区、市）监管办作为政府行业管理机构，将民航企业、机场的国有资产管理职能交国资委和地方政府，专心致力于行使行业管理职能，创新行业管理理念，健全行业法律法规体系，为民航行业的持续、快速、协调、健康发展提供了有力的保证。民航改革也为民营资本和外资投资航空公司、机场提供了更加广阔的空间。可以说，管理体制改革推动了中国民航业发展，丰富了中国经济体制改革尤其是传统垄断行业改革的实践。

（4）继续深化民航管理体制改革（2005年以来）

2005年以来，中国民航业进入新一轮的快速发展时期，影响民航发展的一些深层次矛盾和问题在新的体制下逐渐显现。民航部门按照科学发展观的要求，继续深化民航改革，放松经济性管制，加强社会性管制，不断完善民航行业管理体制和运行机制。

- 继续放松市场进入管制

2006年1月15日，民航总局发布了《公共航空运输企业经营许可规定》，按照该规定，国内资本只要符合条件就可申请设立民用航空公司，且民营投资主体与国有投资主体适用相同条件。2005年7月29日，民航总局正式对外公布了《国内投资民用航空业规定（试行）》（以下简称《规定》），并于2005年8月15日开始施行。该规定放宽了民航业的投资准入及投资范围。《规定》首次以法规的形式明确表示，鼓励和支持国内资本投资国内民用航空业，可投资的领域包括航空公司、民用机场及航油销售储运加注、飞机维修、货运仓储、地面服务、航空食品生产销售、停车场、客货销售代理、计算机订座系统服务、航空结算等所有与民航活动相关的项目，但空中交通管理系统将主要由中央政府投资。《规定》称，民用运输机场是自然垄断部门，鼓励各国内投资主体多元投资，非国有投资主体可以参股，但是各省级政府所在地机场，及深圳、厦门、大连、桂林、汕头、青岛、珠海、温州、宁波9个城市的大中型民用机场，应保持国有或国有控股地位。《规定》还明确，为保证国有经济的主导地位，中国国际航空公司、中国东方航空股份有限公司、中国南方航空股份有限公司3家民航运输企业应当保持国有或国有控股地位。此外，《规定》还对航空公司对机场的投资比例，以及机场对航油销售的投资比例作出了一定的限制。

《规定》的出台，有利于解决国内民航产业融资渠道单一、融资数量不足的问题，调动中央和地方、各种所有制企业、公民和社会多方投资民航业的积极性，加快民航企业和机场的发展，同时促进民航企业、机场变独资为多元化投资，尽快建立现代企业制度。随着民航业开放非公有资本进入，以及民航市场化程度不断提高，推进公平有序竞争，防止垄断和区域封锁，已成为民航总局行业管理的重要内容。

● 深化民航管理体制改革

2006年4月，民航总局下发了《民航总局关于深化民航改革的指导意见》（以下简称“《指导意见》”）。此次深化改革重点围绕改善和加强行政管理，改进和加强行业宏观调控，改革和调整市场管理，指导和推动企业、机场深化改革，调整和改进科研、教育制度5个方面展开，着力解决影响民航发展的深层次矛盾和问题，推进中国从民航大国向民航强国的跨越。深化民航改革的举措主要如下。

一是改善和加强行政管理。《指导意见》提出的改善和加强行政管理共包括7个方面的内容：进一步转变政府职能，调整、理顺机构和职责，深入推进依法行政，推进科学民主决策，推行政务公开，加强和改善对直属企事业单位的管理，扶持发展行业协会等社会中介组织。

二是改进和加强行业宏观调控。《指导意见》提出的改进和加强行业宏观调控共包括6个方面的内容：加快完善宏观调控体系，改进规划编制、发挥规划的导向和调控作用，深化民航投资体制改革，改进、完善购租飞机评审制度，完善行业协调发展的政策机制，加强行业统计工作。其中，深化民航投资体制改革的内容包括如下：凡是涉及民航整体布局的重大项目和政府投资项目，民航总局按国家规定的权限进行审批或决策；其他项目则改为备案制，由投资主体自行决定；制定民航政府性资金投资规定，建立科学、民主的投资决策机制，建立投资论证制度、咨询制度、公示制度、投资使用和监管制度以及投资决策责任制度。

三是改革和调整市场管理。《指导意见》提出的改革和调整市场管理共包括12项内容：推进公平有序竞争，防止和反对垄断；完善市场准入、退出制度；建立公平竞争的航空运输地面服务市场体制；改革国内航线航班经营许可办法；改革国际航线航班管理；改革航班时刻管理办法；进一步改革客运价格制度，完善价格管理政策；改革机场价格收费政策；改革航空煤油销售价格形成机制；建立民航信息系统风险防范机制；改革对航空运输销售代理人的监管；建立行业诚信机制。

在改革国际航线航班管理方面，《指导意见》提出，要引导、支持中国航空公司相互之间在国际航线上采用代码共享等多种合作方式对外竞争；支持中国航空公司与国外航空公司实行代码共享或加入国际联盟。进一步改革客运价格制度，完善价格管理政策，则是要逐步扩大只管上限的支线、旅游航线范围。根据航空运输市场发展程度和企业改革的进程，在制定反倾销，反对不正当竞争制度的基础上，最终实现对全部航线只管最高价的客运价格管理目标。

四是指导和推动企业、机场深化改革。《指导意见》提出的指导和推动企业、机场深化改革共包括两个方面的内容：推动航空公司、服务保障企业和机场深化改革；明确机场性质，推进机场管理转型。根据《指导意见》，企业、机场深化改革的主要内容是：推进企业和大型机场进行股份制改造，进一步推进投资主体多元化，完善法人治理结构，建立现代企业制度。《指导意见》明确指出机场是公益性基础设施，要推行机场的分类管理，引导地方政府对具有盈利能力的大型机场实行企业化管理，对中小型机场则按照公益性单位的要求管理；同时积极推进机场由生产经营型管理，向飞行区生产经营型管理和航站区资产经营型管理相结合转变，并继续开展机场特许经营试点，规范机场特许经营行为。

五是调整和改进科研、教育制度。《指导意见》提出的调整和改进科研、教育制度共包括两个方面的内容：调整和改进科研制度；建设多层次、全方位、系统化、开放型的民航教育体系。《指导意见》明确提出，要增加机务、空管人员，特别是飞行员的培养数量，提高培养质量；创新飞行员培养收费模式；支持、鼓励行业外院校，特别是国家重点院校开展民航专业教育。

• 进行新一轮民航空管体制改革

“十五”期间，民航运输的增长速度很快，运输总周转量年均增长 15.3%，旅客运输量年均增长 15.5%，货邮运输量年均增长 13.8%，空管保障飞行架次年均增长超过 15%。空中交通管理与日益增长的航空运输之间不相适应的问题再一次凸显，主要表现如下：管理关系不顺，责、权、利不统一；由于业务管理与行政管理脱节，造成安全管理与安全责任不对应；空域规划、建设缺乏整体性和系统性，法规体系建设滞后，等等。2007 年 11 月 22 日北京时间零时起，中国民航在 8400 米以上、12500 米以下的空域实施缩小飞行高度层垂直间隔，飞机的巡航高度层由过去的 7 个增加到 13 个，这标志着中国“空中高速路”第三次成功扩容，空域环境进一步优化。这些都对空管的安全、容量、效率和服务提出了更高的要求。民航空管体制亟须进一步改革。

2006 年 4 月，民航总局确定按照“政事分开、运行一体化”的总体思路进一步改革理顺民航空管管理体制。经过广泛深入的调研和反复征求各方面意见，同时认真汲取国际民航空管发展有益经验，2007 年 4 月 9 日，民航总局党委通过了《民航空中交通管理体制改革方案》，并于 4 月 27 日正式下发。

空管改革的基本目标有三个：一是建立健全政府空管监管体制，实现政府管理职能与系统运行职能公开，明确职责分工，完善法规体系，规范执法行为，加强行政监管；二是遵循空管发展客观要求，建立垂直管理的空管系统，统一运行指挥，集中配置资源，规范运行程序，加强协作配合，实现运行一体化；三是适应航空流量快速增长和空管技术快速发展的形势，通过理顺空管系统自身管理体制和运行机制，加强内部建设，优化空域结构，转变管理方式，应用先进技术，提高民航空管系统运行效率和保障能力。

这次空管改革的基本思路是“政事分开、运行一体化”，即民航总局空管局、民航地区空管局的空管行业管理职能与运行职能实行分离，行业管理职能交由民航总局、民航地区管理局行使；民航总局空管局、民航地区空管局及所属空管单位主要行使业务管理与运行职能，实行垂直管理，并相应理顺管理关系，实现一体化运行。改革的主要内容有以下3个方面：实现政事分开，建立分级管理的民航政府空管管理体制；建立集中统一的民航空管运行系统；全面提升空管系统的保障能力，理顺管理关系。以2007年9月5日民航新疆空中交通管理局成立为标志，中国民航完成了以“政事分开、运行一体化”为基本思路的新一轮空管体制改革任务。在整个改革过程中，空管系统保持正常运行，保证了飞行安全，职工队伍保持稳定。但此次改革不是终点，今后改革的道路还很漫长，空管系统中存在的管理理念、规章制度、资源配置、人员素质等制约空中交通管理能力提高的深层次问题，都需要在不断深化改革的过程中加以解决。

● 将民航纳入“大交通”制的改革

根据《国务院机构改革方案》，2008年机构改革中有关交通运输机构改革的措施如下：组建交通运输部。将交通部、中国民用航空总局的职责，建设部的指导城市客运职责，整合划入交通运输部。组建国家民用航空局，由交通运输部管理。国家邮政局改由交通运输部管理。保留铁道部，继续推进改革。不再保留交通部、中国民用航空总局。组建后的交通运输部的主要职责是，拟订并组织实施公路、水路、民航行业规划、政策和标准，承担涉及综合运输体系的规划协调工作，促进各种运输方式相互衔接等。同时，撤销民航总局，新设立中国民用航空局（副部级），为交通运输部管理的国家局，机构规格从正部级降为副部级，民航局与交通运输部相对独立运转。

• 下放多项审批权，行业改革提速

2010 年 1 月，国家民航局启动了航权航班时刻分配制度改革，宣布只负责北京、上海、广州 3 个城市 4 个机场的区际航权和航班审批许可，其余机场的航权和航班审批许可均下放地方。国家民航局还将中国民航航班信息管理（监测）系统与航班时刻网络协调系统进行连接，对航权航班时刻的运行情况进行监控。

为加速民航业的改革进程，推动行业优胜劣汰，“十二五”期间不断深化民航行政审批改革，民航领域多项审批权不断下放，行业垄断格局进一步打破。在 2014 年国家大力改革政府管理体制和投资体制改革，大幅下放经济领域多项审批权背景下，2015 年 3 月民用航空器（发动机、螺旋桨）生产许可、民用航空器特许飞行资格认可、民航企业及机场联合、重组和改制审核等项目的审批，均由原先的中国民航局下放至民航地区管理局。

2. 民航业亟须解决的问题

中国民航业经过 30 多年的改革开放，以自主经营的航空运输企业作为代表的各类市场竞争主体已经形成，以民航法律法规规章作为规范的市场运行规则基本建立，竞争机制逐步形成，市场配置资源的基础性作用逐步彰显。但发展中仍存在一些亟须解决的问题，主要体现在下述一些方面。

（1）民航空域资源严重不足

从新中国成立之初到1980年，中国民航一直属于军事化行业。自1980年3月15日起，民航局不再由空军代管，归属国务院；民航局是国家民航事业的行政机构，统一管理全国民航的机构、人员和业务，逐步实现企业化的管理。历史形成并一直延续空军使用空域多，民航可用空域少的局面。目前，民航可用空域约占两成多，仅能使用航路、航线和民用机场附近空域，大量空域被划为军航训练空域、巡逻待战空域以及限制区、危险区、禁区。在飞行繁忙地区，空域使用紧张问题日益突出。中国空域在划设上条块分割，在管理上以空军为主体，在协调上以军航为主导，在程序上民航申请、军航审批，在使用上民航局限于航路航线，这种情况进一步加剧了空域运行容量与不断增长航空需求之间的矛盾。

近年来，由于民航航班量增大，空域资源严重不足。目前，首都国际机场等三大机场的空域资源十分紧张，国内近20个机场的空域接近饱和。随着民航业的持续快速发展，民航需求与空域资源有限性之间的矛盾将日益突出。与此同时，低空空域开放进程缓慢，也极大地制约了通用航空的发展。空域紧张问题已成为制约民航发展的“瓶颈”。

（2）国内航空公司可持续发展能力弱

中国民航业市场集中度很高，但市场竞争激烈，航空公司整体收益水平低、税费负担重、赢利能力弱。航空公司目前仍然存在一些不合理负担，主要是在进口飞机和航材的税收方面。根据世贸组织的有关协定，世界绝大多数国家对进口飞机及航材均不征税，而中国仍征此项税收，使得中国航空公司的成本与外航相比要高出一块。此外，机场和航空公司之间的关系也不顺，目前的情况是机场收费随意性大，增加了航空公司的负担。

（3）审批改革仍不到位

尽管民航领域不断有各项审批事项下放，但总体还是行政审批过多，规范透明不够。如目前市场上的航空公司众多，航线和时刻资源直接关系到各航空公司的客流量和最终收益。虽然2007年9月民航实施了《民航航班时刻管理暂行办法》，搭建了目前的航班资源分配架构。这一暂行办法明确了民航局和各地方管理局的职责和权限，同时规定国内航空公司在非协调机场和协调机场的非协调时段的航班时刻不需协调，按照“先到先得”原则申请获得。这一架构使民航航权航班时刻规范起来。但由于黄金航线和时刻始终是稀缺资源，所有航空公司都想得到这些“黄金航线”“黄金时段”，因此仍有“航权协调费”等寻租行为发生。

（4）保障设备设施资源投入不足

保障基础设备设施资源投入不足，尤其是空管、机场和通用航空领域。空管方面，空域资源有限，通信导航设备更新不足使得气象服务和航班准点率受到影响，导致航空安全运行的抗干扰能力降低；机场方面，我国民航在机场基础设施如机坪和机位的数量和容量以及场道障碍物清理设备等基础硬件设施方面投入有限，导致复飞、备降机位不足、应对突发事件（气候环境改变、不停航施工）能力不足等情况，在一定程度上影响了安全运行；通用航空方面，较为突出的是维修保障不足，导致作业和训练飞行安全隐患加大。当前我国民航维修企业有400多家，但大部分都服务于运输航空，专门服务通用航空的独立维修企业仅4家，维修保障能力严重不足，影响了通航安全。

（六）公用事业领域改革

市政公用事业包括城市供水、供气、供热、污水处理、垃圾处理、公共交通、市容环境卫生、培训处置和园林绿化事业等，市政公用事业的发展水平是城市现代化发展的重要组成部分，直接关系到人民群众的生活质量，关系到城市经济和社会的可持续发展。这些行业的共同特点是与人民群众生活密切相关，直接影响到社会公众利益和公共安全，而且其中不少行业比如供水、供气和污水处理具有规模效益明显、沉淀成本大、投资大而回收期长、自然垄断等特征。正由于市政公用事业传统上被认为具有自然垄断属性，长期以来这些领域共同的特征是政府定价，国有企业主导，另外还有经营效率不高、民营资本进入难等问题，也经常成为各界批评的焦点。

从20世纪90年代开始，特别是21世纪初以来中国对市政公用事业开展了以城市特许经营制度为核心的市场化改革，取得了突出的效果，但仍然存在一系列需要进一步完善和解决的问题。

2013 年《中共中央关于全面深化改革若干重大问题的决定》（以下简称《决定》）对市政公用事业的改革进一步提出了重要指导意见。《决定》指出，“完善主要由市场决定价格的机制。凡是能由市场形成价格的都交给市场，政府不进行不当干预。推进水、石油、天然气、电力、交通、电信等领域价格改革，放开竞争性环节价格。政府定价范围主要限定在重要公用事业、公益性服务、网络型自然垄断环节，提高透明度，接受社会监督。”

1. 公用事业改革的实践

从 20 世纪 90 年代以来，随着中国管理体制机制的改革，公用事业出现了许多代表性、先行先试的案例，促进了公用事业的发展。1992 年，法国苏伊士水务投资广东中山市坦洲自来水公司，成为国内最早的中外合资经营的水厂。2002 年，深圳水务集团、燃气集团、公共交通集团等 3 个公用事业单位以国际招标方式转让部分股权，公用事业市场化改革迈出了较大的步伐。总体来看，中国市政公用事业的实际改革可划分为两个方面，一是对原有国有经营的公用事业单位存量进行改革，另一个是对增量进行改革，对增量的改革又以特许经营模式为主。

（1）改革模式一：通过对原有国有企业重组改制方式进行市场化改革

在计划经济体制下运行的国有市政公用企业，虽然为中国经济发展和社会进步作出重要贡献，但累积的问题也很多。一是管理体制落后，政企不分，效率低下。由于公用事业特有的垄断特征，加上国有企业的管理模式，使得公用事业成本高、保障能力低、服务意识差的特征非常突出。效率低也直接造成许多公用事业亏损严重，财政负担增加。二是企业开拓进取动力不足，投资来源渠道单一，全部依靠财政投资，建设资金匮乏。由于国有企业经营模式，企事业单位往往缺乏主动创新提高投融资能力的动力，使得如何在城镇化快速发展背景下保障市政公用设施的发展成为一个突出问题，也因此不少地方针对原有国有企事业单位，进行了市场化改革，并取得了显著效果。

（2）改革模式二：特许经营模式

市政公共事业投资规模大、建设周期长，仅靠政府财政难以支撑，必须调动社会资本积极参与。原建设部于2004年出台《市政公用事业特许经营管理办法》，确立了社会资本投资市政公用事业的法律依据，各种社会资本通过BOT、TOT等特许经营模式进入到市政公用领域，形成了多元化的投资结构，有效缓解了投资不足的压力。同时，专业化的运营方式也显著提高了市政公用事业的运行效率和服务质量。

【案例1】　　天津自来水供应市场化改革

天津市北水业有限公司成立于2005年8月，是天津市自来水集团公司所属全资子公司，包括两个水厂及相应管网营业设施，2007年评估总资产20.42亿元，净资产为14.23亿元，承担着天津市河北、河东两区及东丽、北辰部分区域175万人口的供水业务，并负责向天津滨海新区供水，总供水量约占天津市自来水集团26%。

2007年6月，天津市自来水集团在天津产权交易中心公开挂牌转让市北水业有限公司项目49%股权，经招投标等相关法定程序，法国威立雅水务－通用水务公司在承诺接受全部商务要约的基础上，以21.8亿元报价从3家投标人中胜出，并承诺合营后提供发展建设资金9.1亿元，使项目累计融资达30.9亿元。在经国家项目审批机关批准股权转让并组建合营公司后，天津市自来水集团与外方股东依据相关项目合同协议约定，与合营公司在涉及调度、水质管理、客户服务、营业、管网等方面顺利实现业务衔接，通过项目运作为津滨水厂及滨海新区范围内的管网建设提供资金支持，在滨海新区构建安全可靠的供水体系，逐步实现与市区供水系统的良性互动、统一调度的完善供水网络，形成一体化供水格局，保证了在奥运会、残奥会、达沃斯论坛等各个时期的安全稳定供水，经受了考验。

2007年股权转让以后总体上该项目运作较为成功，取得了良好的效果，主要体现在以下几个方面。①转让价格较高，为天津市自来水集团引进了大量发展资金。市北项目评估总资产20.42亿元，净资产14.23亿元，而且自来水行业受政府价格管制，并不是很盈利的行业，但49%股权的转让价格达到21.8亿元，实现了国有资产的保值增值，而且引入了9.1亿元的发展建设资金。②提高了该公司服务区域的供水保障水平。主要在天津滨海新区部分，成功新建了规划供水管道，完成了新开河水厂改造和服务范围内旧管网和二次供水设施的改造。③管理水平提高，职工福利改善。借鉴引入了法国威立雅公司的许多先进管理理念，强化了内部管理，加强了成本控制，提升了服务质量，如建立了关键客户经理管理制度，进行第三方顾客满意度调查等，用户对该公司的服务较为满意，员工福利也有显著改善。

【案例2】 北京市高安屯垃圾焚烧厂

北京高安屯垃圾焚烧厂项目是引进国外垃圾焚烧先进技术，实现垃圾绿色无害化处理的重要项目。该项目采用BOO（Build Own Operate）模式即建设－拥有－经营模式运作，由美国金州控股集团有限公司控股，北京高安屯垃圾焚烧有限公司（项目公司）对高安屯垃圾焚烧厂进行投资、建设和运营，合资经营期限50年。该项目是北京第一座现代化大型生活垃圾焚烧项目，项目总投资8亿多元，日处理生活垃圾1600吨。

（1）项目盈利模式。项目建成后，垃圾焚烧发电厂提供垃圾处理服务，并利用焚烧余热发电，政府支付垃圾处理费，并保证焚烧发电厂电力上网销售，投资者由此回收成本并获得合理回报。特许经营者和政府签订的《垃圾补贴协议》和《购售电协议》是项目成功运营的经济保障和利润来源，95元/吨的垃圾补贴和0.74元/度的电价为项目提供了运行资金。特许经营期届满后，投资者按照协议规定，将垃圾焚烧发电厂的所有权和经营权无偿移交给政府。

（2）“协议照付”原则。“协议照付”原则是特许经营项目中重要的信用保证形式。在垃圾焚烧发电厂的运行期，政府或其授权机构必须按照《垃圾补贴协议》规定向垃圾焚烧发电厂提供垃圾和接受垃圾处理服务，并支付垃圾处理费；如果政府未能按照协议规定向垃圾焚烧发电厂提供垃圾，政府同样要按预先约定支付垃圾处理费。设置“最低（年）垃圾供应量”是实施“协议照付”原则的主要措施。

（3）项目效益。该项目采用国际先进的垃圾焚烧工艺技术，年处理生活垃圾53.3万吨，年发电2.2亿度，相当于节约7万吨标煤，采用中水作为循环用水，每年节省160万吨市政供水资源，采用严格的污染物排放控制标准，产生的烟气经处理后达到国际先进水平，是目前中国正在运营的垃圾焚烧厂中执行环保标准最严格的垃圾处理设施之一。该项目是BOO模式的成功实践，有效实现了城市生活垃圾的无害化、减量化、资源化处理目标，对固体废物处理行业有较大的示范效应。

2. 市政公用事业当前面临的主要问题

中国市政公用事业经过近10年的市场化改革，已初步实现运行机制市场化、投资主体多元化、运营主体企业化和政府监管规范化，公用事业改革促进了城市的发展。但由于企业盈利性与公用事业的社会服务性之间的固有原生性矛盾，导致城市公用事业采取市场化的运作方式本身会存在一些弊端，加上中国对公用事业改革与监管的经验还不足，表现在实际市政公用事业的发展中仍然面临一些突出问题。

（1）一些地区过于强调市场化，忽视了公益性和公共性特征，对公用事业的发展和监管不够

虽然一般认为市政公用事业是公益性行业，但在具体政策、做法上，不少地方常常简单将其当作经营性产业，导致在市政公用事业改革的过程中，存在过度追求市场化的形式，将市场机制在各行业不加区分运用的现象。如将市场化等同于产权的私有化，忽视行业属性差异以及地区发展的特殊性，片面追求供给效率等。部分地方政府将市政企业一卖了之、一改了之，将政府提供公共服务的责任也推向市场，将国有资本通过特许经营权出让视为政府增加财政收入或甩掉财政包袱的手段，从而忽视了产品供给的公平、质量等目标，带来了市政公用事业供给的安全隐患。

由于对市政公用事业的公益属性不够重视，导致不少地方对公用事业的财政投入不足，没有建立保证持续投资建设的机制。事实上，市政公用事业应该是花财政收入的，不应作为财政收入的主要或重要来源。事实上，企业由于其盈利性目标和经营期限的限制，往往对公用事业的再投入不足。供水、燃气等城市公用事业具有投资大、回收期长的特点，企业在一次投入建成基本管网后，受经营期限和盈利目标影响，一般很少再投入。以某自来

水合资公司为例，2012 年该公司管网更新改造计划完成率不到 15%，由于水表超出强检周期、管网维修改造工作缓慢等原因，导致产销差较高，水损严重。经初步测算，2012 年的水损相当于当年供水量的 12%，形成了较为严重的资源浪费（李叶，2013）。

忽视公用事业的公共性和外部性往往还弱化了政府的监管职责。公用事业市场化过程中可能产生外部不经济问题。中国现行的政府定价和指导价都是最高限价原则，为了维护本企业的竞争地位，阻止其他企业进入本行业，企业可能会在竞争中采取超低价方式赢得客户和市场份额。而一旦占领市场形成垄断地位后，又会通过各种方式提高价格，甚至采用虚增成本等方式影响政府定价，从而以外部不经济来换取企业个体利益。

监管不足、竞争机制不完善还经常导致公用事业的行政垄断变为私人垄断。该现象在网络性与规模经济效益较为明显的供水、燃气等行业中尤为突出。在某一行业中单一公司（特别是跨国公司）的规模扩张易产生公共服务供给的安全隐患。由于此类公司具有巨大规模与市场范围、掌握先进的技术，易在价格、服务供给等方面造成对政府的“绑架”。

（2）尚未建立科学的市政公用产品和服务价格形成机制

市政公用产品和服务价格问题是市场化改革最关键、最核心的问题，但公用产品由于其天然的垄断属性，市场不能自发形成竞争性价格，必须要形成新的、科学合理的价格形成机制，否则必然要过多依靠政府定价，而简单的政府定价很容易产生各种问题。

目前，中国市政公用事业价格大多是简单地按成本加收益形成的，只对成本的合法性作出判断，没有对成本的合理性进行严格界定，导致其价格形成机制扭曲，价格既不反映价值，也不反映成本变动和供求关系。不少地区的公用事业价格采取价格听证等形式，往往过多顾及居民感受，该调时不能调，增加了政府财政压力。以水务为例，根据《城市供水统计年鉴》，2008 年城市供水亏损总额为 25 亿元。统计范围内的 682 座城市供水厂，有 449 座亏损，亏损比例达 2/3。36 个大中城市，有 22 个城市供水处于亏损状态，亏损总额达 15.8 亿元。另据国家发展改革委价格监测中心 2010 年 7 月公布的全国 119 个城市污水处理费数据，全国 57% 的城市污水处理费还没有达到国家要求的 0.8 元/吨的标准。加之国家提高了污水排放标准，污水处理厂需要进行相应的升级改造，污水处理成本也将随之提高，因其与水价捆绑征收，水价上涨的压力进一步增大。价格形成机制不科学导致公用产品和服务价格不能合理进行调整，公用企业则长期处于保本经营甚至亏损状态，这必然导致企业缺乏提高其产品和服务质量的动力，市政公用事业市场化改革的初衷也难以实现（全国工商联环境服务业商会，2012）。

（3）体制机制不完善，服务效率有待提高

目前，城市公用事业监管部门政监不分、管办不分，被监管企业与主管部门在“政企合一”的内生监管模式下形成裙带关系。

企业和监管机构之间的法律地位和职能缺乏清晰的界定，监管机构为保证社会需求，直接干预企业经营；企业则无法按市场原则自主经营，承担了过多的公益职责和义务，自身难以持续发展。此外，公用事业的监管职能分散于不同政府部门，监管机构间的监管权限分配不合理。以城市水务行业为例，主要有建设、水利、发改、财政、环保、国资、安监等多个部门共同分担监管职能，“多龙治水”容易造成监管缺位、越位，导致监管成本提高、效率下降。

在城市公用事业改革进程中，还存在市场竞争主体不成熟、支撑体系不健全等问题，使部分公用事业领域出现服务效率不高，甚至下降趋势。例如，在城市公交行业改革中，强调公益性，忽略市场性，导致服务效率下降。部分民营企业在实现国有化改造后，由盈利转为亏损，且亏损数额逐年提高。在公用事业服务中，政府通常难以全面掌握企业成本信息，从而不能合理确定产品和服务价格以及政府补贴等；企业由于缺乏动力来降低成本，导致产品或服务成本居高不下、效率难以提高（九三学社中央，2015）。

第三章

垄断性行业的发展新趋势与改革新要求

在中国国民经济中，一些行业由于垄断色彩明显，市场化改革滞后，被人们称为“垄断行业”。垄断行业包括电力、电信、铁路、邮政、石油、天然气、市政公用事业等行业。值得注意的是，这些行业都是基础设施产业和公用事业型产业，关系到国计民生，对中国经济发展具有重要的支撑作用。同时，作为基础性产业，垄断行业产品和服务的成本会传导到相关产业，垄断行业的高成本、高价格势必影响相关产业的国际竞争力。如果垄断行业产品定价长期背离价值，强化行业保护、排斥市场竞争，就会直接制约市场机制提高效率作用的发挥。

改革以前，中国长期对垄断行业实行政企高度合一的管理体制，垄断行业更多呈现出法定垄断和行政垄断的特征，并不是纯粹的自然垄断。受法定垄断、行政垄断、自然垄断的共同影响，中国垄断行业的市场化改革严重滞后于其他产业。在垄断性产业组织结构下，垄断行业的体制性矛盾十分突出，暴露出了服务质量低劣、价格居高不下等一系列弊端。

自 1998 年中国对垄断性行业进行以“分拆重组、引入竞争”为主题的改革以来，大部分垄断性行业都初步形成了多家市场主体相互竞争的市场格局。总的看来，中国垄断性行业的改革取得了如下方面的进展。

一是在部分垄断性行业初步实现了政企分开，行政性垄断的问题得到一定程度的解决。经过新一轮的改革，电信、电力、邮政等部门初步实现了政企分开、政资分开，新组建的公司与相应的行业管理机构脱钩，政府管理职能基本移交至相关的政府部门。但铁路、石油、天然气、市政公用事业等部门仍延续政企不分的体制。

二是在部分垄断性行业形成了有利于引入竞争的市场结构，其中有些行业竞争的格局已经形成。为了打破垄断的市场结构，主要采取了以下两种方法。一是对原有独家垄断的企业，采取“横向”分拆的方式，将其重组成能够在相同的业务领域展开相互竞争的公司。这一方法在电信部门得到应用，形成了电信行业“5+1”的市场格局。二是对垂直一体化垄断的公司，将竞争环节和自然垄断环节分开，在竞争环节引入竞争机制，电力行业“厂网分开，竞价上网”的改革即采用此种方式。

三是垄断性行业中特大型国有企业的改革取得了一定的进展。电信、电力等行业按照“政企分开，政资分开”的原则，组建了公司或企业集团；电信等行业通过上市（尤其是海外上市），推动了现代公司制度的建立，在法人治理结构、公司运行机制、内部管理制度以及透明度等方面取得了一定进展。

但与竞争性行业相比，垄断改革效果还不是很显著，与竞争目标相联系的众多深层次问题在相当大的程度上制约着改革的深入。垄断行业的改革整体滞后，对经济社会发展带来严重的负面影响：一是造成市场的不公平竞争，二是造成行业巨大差距和收入分配的巨大差距，三是侵害了全社会居民的福祉，四是严重影响政策的公平正义。这些问题将直接制约中国发展方式的转型，深化垄断性行业改革刻不容缓。

改革开放以来，在中国国民经济持续快速发展的大背景下，电信、电力、铁路运输、石油天然气、市政公用事业政等行业都实现了较快的发展，建设规模明显加大，部分领域实现了技术跨越，基本消除了市场供应的“瓶颈”现象，可竞争性增强，服务质量也有了明显改善。中国垄断性行业发展呈现出一些新特征与新趋势，客观上要求进一步放松经济规制，调整监管重心，创新政府管理模式，优化产业发展环境。

一、垄断行业的可竞争性增强

（一）电力行业如何引入竞争机制

1. 当前优先考虑的应是在新增发电项目环节引入竞争机制

电网经营管理单位有责任满足用户的需求，应根据用电需求增长的中长期预测开放市场，对需求增长的发电能力，公开招标，公正评标。凡外省市发电项目送到本省的到网电价，低于本省新建电源上网电价的，应接受外省市的廉价电力，并以长期合同的形式确定双方的权利义务关系，不按约定履行应承担义务的，应赔偿对方的经济损失。这是“竞价上网”真正能起到实效的领域，应尽快促使其实现和完善。按这样办，市场风险实际上还是由电网经营单位承担，为了减轻预测不准、利息涨落等市场风险，可以在合同中增加风险分担的条款，使发电投资企业在获得合理回报的前提下，也分担一定的风险。

2. 建立完善的电价体系

电价改革应包括销售电价、上网电价、输电电价等各个环节。销售电价应区分尖峰电价、一般电价与低电价，鼓励削峰填谷（也要吸取国外的教训，不要“矫枉过正”），对水电丰水季还可建立鼓励用电电价。上网电价也应适应水电的特点，区别尖峰电价与一般电价，保证电价与季节电价、与火电能进行公平竞争。为了降低供电成本，降低整个电力系统的备用容量，还可学习国外经验，发展一部分允许短期停电的用户，这部分低可靠性的用电应收取较低的电价。为了真正兑现联网的效益，对联网后双方得到的经济效益，应公平体现在电网之间送受电力电量的结算价格上，应该充分利用价格的调节作用，使电力系统的经济效益与资源利用效率的提高，体现在价格结算上，体现在投入的减少与利润的提高上，体现在商业交往的收益上，尽量发挥经济手段的调节作用。

3. 建立发展与完善所有权人与消费者的监督机制

监督环节可重点集中在以下几点。电力需求预测是否基本正确；新增发电设备规模是否合理，经营决策是否正确；新增发电项目及设备的招投标活动是否公平、公正、公开，是否符合资源优化配置的原则，有没有凭借垄断地位实行不公平竞争与暗箱操作；经营开支中有没有违规与腐败行为。为了监督调度行为，可以组成有由独立发电单位参与的调度监督委员会，调度实际应在内部公开，并接受质询，做出答复。与之相对应，对企业经营中致力于合理利用资源、节约开支、提高资源（及设备）利用程度达到一定突出成绩的，加以较低的备用率满足较大的需求等，应给予激励与奖励，调动经营者与职工的积极性。

4. 建立反垄断的执法体制

有明确的单位受理与处理有关反垄断的争议，公民与当事人都有权对电力经营单位地方保护妨碍竞争、违反资源优化配置、调度不公等不公平竞争行为提出投诉，反垄断受理单位有权在一定期限内撤销凭借垄断地位实施不公平竞争的经营活动，责令赔偿受害人的损失，也支持经营单位的正当活动。

5. 完善立法保证

为了规范经营活动、定价机制、监督机制、反垄断活动，防止随意性，应加强立法，完善法制。针对电力生产特点对电力经营活动中的竞争机制、不公平竞争、定价机制、监督机制等，可在部门法中做出可操作的具体规定。为此，应对《电力法》进行全面修订，还应制定《反垄断法》，对自然垄断企业必须遵循的经营原则、监督机制、对违规垄断行为的处罚、反垄断案件的受理与处理作出规定，使自然垄断型企业的经营活动有法可循。

综上所述，电力行业引入竞争机制，应该建立一套完整的能够实现资源优化配置的机制，能够实现以较少的社会投入、最低的成本、最优惠的价格，来充分满足现代化对电力的需求，能够实现消费者得到实惠、投资者得到合理的回报的效果。要实现这个目标，不仅要充分发挥一般经济发展中行之有效的竞争机制、制约机制、监督机制的积极作用，还要适应电力工业本身的生产特点和特有的经济规律，制定适合电力工业特点的机制、体制。

【专栏1】　美国电力行业改革方案借鉴

一是限制垄断企业的市场力量，实行输电、发电和销售功能分离。根据美国的法律，电力企业被分为两类：公共事业电力企业（utility）和非公共事业电力企业（nonutility）。公共事业企业是指从事发电、输电或批发电力和配电业务的企业，主要是那些经营网络或一体化垄断经营的企业。非公共事业电力企业主要是指利用工业废气、小规模的独立发电企业。由于大部分IOUs（独立运营电力企业）是发电、输电和配电一体化经营，为了限制企业的市场垄断力量，联邦政府要求IOUs出售一部分发电资产，实行发电和输电功能分离。

二是建立独立的输电代理机构和电力交易市场。为了控制自然垄断环节和一体化经营企业的垄断力量，设立独立电网调度员（ISO）和电力交换所（PX）等机构。独立电网调度员是一个独立的非盈利性机构，代输电网络企业运行和管理网络。其主要作用是保证各种发电企业出售的电力都能够公平地通过高压电网输送；同时还负责电网运行控制和实时电力市场管理，负责输电系统的规划、控制和安全运行等。电力交换所是构成电力交易市场的一个重要机构，电力交换所采取公开报价的方式，其主要作用是保证价格信息公开化，为各类发电企业竞争报价创造条件。

三是开放销售市场，取消批发价格的规制，允许消费者直接选择电力供应商。有些州对零售价格实行规制，允许供应商在零售价格中回收转换成本，如加州。对自然垄断的输电环节保留政府对价格的规制，政府主要规制输电收费标准；在销售环节要求发电企业公开生产能力信息，在交换市场以公开报价的方式进行交易。

四是区域配电网公司基本上保持垄断经营。由于美国电力改革是在联邦政府指导下，以州为主的改革，因此，各州的改革步骤和具体措施不同。比如，有的州不仅放开批发市场价格，还放开零售价格；有的州放开批发价格却保留对零售价格的规制；有的州还没有改革。但总体来看，各州的改革方向是遵循联邦政府确定的基本原则的。

电力改革以后，联邦和州政府都保留了对电力行业的一部分规制。美国的电力市场管制较为复杂，根据发电、输电、配电和售电的特点，由多家联邦和州规制机构参与管理。输电环节是垄断经营，受到联邦政府和州政府的规制。美国联邦能源委员会负责跨州输电交易的管理，包括批准输电线路的建设和使用费用；对地区输电组织（RTO）或独立电网调度员有管辖权。州政府负责批准州内输电线路的选址和输电收费标准。配电系统是包括从变电站到用户电表的一整套分配系统，具有自然垄断的特点，长期以来没有引入市场竞争，一直处于管制状态。美国的配电企业本来就比较分散，不少是社区集资兴办的，州公共事业委员会负责对配电环节的监管。发电领域的规制分别由州政府和联邦政府负责，规制内容主要是环境保护和安全方面。联邦能源管制委员会负责发放水电站许可证；州公共事业委员会负责批准州内电站厂址和制订州电站环保标准；环保局负责实施《清洁空气法》的条款以及制订、监督火电站的排放标准和排放量。

通过美国改革方案可以看出，中国电力行业改革为满足引入竞争的需要，要考虑以下几方面。

一是限制垄断企业的市场力量，实行输电、发电和销售功能分离。

二是建立独立的输电代理机构和电力交换市场。为了控制自然垄断环节和一体化经营企业的垄断力量，要设立一个独立的非盈利性机构管理的高压输电网络，其主要作用是保证各种发电企业出售的电力都能够公平地通过高压电网输送；同时还负责电网运行控制和实时电力市场管理，负责输电系统的规划、控制和安全运行等。该机构不属于任何一个电力公司，也不拥有任何设备，输电线、变电站仍属于原公司所有，并由原电力公司负责维护。

三是开放批发市场。取消对趸售价格的限制，实行竞价上网；消费者也可以选择自己的电力供应商。

资料来源：国家电力监管委员会：《美国电力市场》，中国电力出版社 2005 年版。

（二）铁路行业如何引入竞争机制

中国铁路进行市场化改革的一项重要内容就是要引入竞争机制。从经济学角度看，竞争性的市场结构有利于提高效率——无论从生产者的角度还是从消费者的角度来说，都是如此。从生产者的角度看，竞争能够优胜劣汰，能够促使产品和服务质量的不断提高；从消费者的角度看，竞争能够使其获得更优良的产品和服务，增大其消费剩余。竞争既可以是市场中的竞争（争夺市场份额的竞争），也可以是市场的竞争（进入市场的竞争）。传统的经济学理论过度重视市场中的竞争而忽视了市场的竞争。实际上，在很多行业，市场的竞争也许比市场中的竞争更有效，更有实际意义。

从可竞争市场理论来看，一个市场是否是可竞争的，关键在于进入和退出障碍的大小。在进入和退出方面，固定成本和沉没成本对市场的可竞争性有着不同的影响。进入障碍一般来说是新进入者单独支付的那部分成本，从这个角度出发，固定成本本身只要它不是沉没的，就不构成进入障碍。当固定成本本身在经营者退出时可以出售、转作他用或留给新进入者使用（经营者只租赁固定资产）时，退出就没有损失，也不会有明显障碍。当市场具有可竞争性时，潜在的竞争压力有助于约束和规范市场上厂商的不良行为，实现经济效率。这可以解释为除了市场中的实际竞争（例如争夺市场份额），潜在的竞争同样也能产生经济效率。当市场上只有一个厂商时，并不表明竞争不存在，而只是市场中的实际竞争（争夺市场份额）不存在。在可竞争市场当中，潜在竞争能够起到与实际竞争一样的作用，潜在竞争能够约束和规范在位厂商的行为，保证市场运行的效率。可以看出，在可竞争市场理论框架中，市场机制的作用远比我们认为的要大得多，即使在自然垄断存在的情况下，潜在竞争仍然是存在的，因此，经济效率仍然可以通过市场来实现。

铁路是一个固定成本高昂的行业，基础设施尤其显著。这些固定成本是不是沉没成本，对于进入者来说至关重要，也可以说是铁路能否建立可竞争性市场、引入竞争的关键要素。当我们把铁路各个环节（基础设施、运营服务以及相关的各项生产要素）作为一个整体来看待的话，铁路运输市场的进入可谓难矣，因为铁路高昂的固定投入使得新进入者通过购买已有的铁路以从事运营几乎成为不可能（铁路投资大，回收期长，相应的投资风险大)。如果我们把铁路的不同环节区别分析的话，结论就会有所不同。从铁路固定成本的构成看，大部分固定投入集中在基础设施上，活动部分（机车车辆）的投入相对较少。从经济属性来看，铁路基础设施的自然垄断性较强，而运输服务（运营）则具有比较明显的竞争成分。

因此，对铁路运输业来说，引入竞争的一个重要途径就是建立可竞争性市场。对于比较成熟的、能够引入竞争的环节促进其市场中的直接竞争（从中国铁路目前的情况和条件来看困难很大)；对于无法（理论上讲也没有必要）进行市场中竞争的应当通过建立可竞争性市场，促进潜在市场竞争（目前看可能是主要的)，推进竞争的开展。

在可竞争市场理论中，管制不再是“用政府命令取代竞争”的过程，而是通过管制建立或促进市场的可竞争性，以获取良好经济绩效的过程。中国铁路在未来产业政策的建立上，应当考虑把激励性管制作为管制政策的主要取向。概括来说应当做到以下几点。

1. 尽量使市场的进入和退出变得容易

要使市场具有可竞争性，就要最大限度地减少市场进入和退出障碍。传统管制政策下，不仅新企业很难进入（这种结果不只是管制政策造成的)，而且在位的亏损企业也很难退出。这样做也许是出于公众利益的考虑，然而，可竞争性理论分析表明，即使是为了公众利益，对被管制者提供补贴比禁止退出更有利于提高经济效率。应当对市场的准入和退出建立明确的法律，制定规则，从而使潜在竞争能够起到足够的作用。

2. 制定有关政策来降低沉没成本的影响

沉没成本而不是固定成本是市场进入和退出的主要障碍，因此，要提高市场的可竞争性就应当设法降低沉没成本的不利影响。例如，可以考虑将不能移动的、沉没成本较大的基础设施部分，与沉没成本较小的、可竞争的运营部分分开，上部运营部分由于沉没成本小，或者通过组建机车车辆租赁公司，使运营商租用运载工具，从而最大限度降低沉没成本，减少市场进入和退出障碍，增加运营市场的可竞争性。基础设施部分可以考虑将线路的所有权和经营权分开，通过授予特许经营权的方式，在基础设施部分创造一个可竞争性市场，实现下部竞争（同时也应当加强监管，防止滥用垄断权利）。

3. 价格管制要与进入政策相协调

实际上，在位厂商比潜在进入者有先占优势，应当防止在位厂商利用在位优势阻止潜在进入者的进入。例如，在位厂商看到潜在进入者准备进入时，就降低价格，以减少进入者的市场利润，阻止进入者的进入。需要抑制在位厂商对进入者的“价格反应”，保证市场的可竞争性。

“网运分离”从理论上确实给铁路客货运输服务提供了引入多个运营商和内部竞争的机会，大大降低了竞争者进入铁路市场的障碍，引入竞争也就有了基本保证，可以较容易地通过市场准入制度引入新的使用者。但欧盟各国铁路实现“网运分离”后引入内部竞争的进展十分缓慢。即使是被公认“真正实施了内部竞争”的英国铁路，也主要是依靠特许经营权的定期拍卖和货运领域的开放准入来实现的，其集装箱运输就1家专营，4家货运公司之间交叉不多，25个客运公司基本上是各自在1个地区或1条线上运营。由此可见，在铁路内部引入竞争的难度极大。

（三）天然气行业如何引入竞争机制

1. 可将天然气产业链按“井、网、售”分离，把天然气管网输配这一自然垄断环节从竞争性业务中分离出去

在天然气竞争性业务领域放开市场准入，建立公平有序的竞争秩序，形成多元化发展的格局；于自然垄断性环节在有条件的情况下引入一定程度的竞争，以最大程度地降低垄断造成的效益损失，并通过市场准入、价格、安全、技术、环保等手段加强对自然垄断业务监管，保证管道运输的安全和稳定，保证对第三方提供非歧视性管道接入，保证整个市场的公平竞争。在严格区分自然垄断业务与竞争业务的基础上，对不能获得正常经营利润、具有普遍服务性质的自然垄断环节（如偏远地区的供气问题）形成合理的财政补贴机制，避免因行业内的交叉补贴而扩大垄断范围。

2. 让民营资本逐步地公平进入上游环节

民营经济的发展有利于国有企业进行股份制改革，带动相关产业的发展，进而扩大内需，促进就业，刺激经济复苏。只有当民

企拥有与国企平等的市场地位后，才能实现国企和民企充分竞争，完善天然气的市场定价和服务机制，建立健全市场经济和法制秩序；只有国企和民企充分竞争，民营资本进入到上游环节，才能促进天然气行业上游环节的去行政化，使要素价格市场化，改变中国经济粗放型增长方式，实现经济结构转型；从而破除垄断利益集团的“豪门化”和“权贵化”，实现社会的收入分配公平、创造天然气行业公平有序竞争的大好局面。

从第二章的分析可以看出，经过改革开放30多年来渐趋深化的体制改革，中国电信、电力、铁路运输、石油天然气、市政公用事业等垄断性行业的面貌发生了巨大变化。各垄断性行业都实现了政企分开，行政性垄断的问题得到一定程度的解决。除了具有自然垄断特征的传输网络之外，产业链上的其他环节基本都形成了两家甚至多家企业开展竞争的格局，初步引入了市场竞争机制，产业组织结构有所优化，可竞争性增强。实践表明，垄断性行业破除垄断、引入竞争不仅必要，而且可行，市场竞争促进了生产力的发展。今后应继续深化体制改革，消除当前制约中国垄断性行业发展的体制和机制障碍。

二、垄断行业呈现出新的技术经济特征

伴随着体制改革的深化和技术的进步，近年来中国垄断性行

业呈现出一些新的技术经济特征，形成了移动通信、智能电网、特高压电网、高速铁路等一大批今后要重点发展的领域，新时期中国垄断性行业存在着技术创新和产业升级的重大机遇。

（一）信息技术对垄断行业改革的总体影响

当前，以物联网、云计算、大数据、移动互联等信息技术应用为核心的新一轮科技革命和产业变革正在孕育兴起，信息技术与实体经济的深度融合，加之新能源、新材料、生物技术等方面的突破，带动全球制造业升级换代。数字化智能化制造、智慧城市、智能楼宇、智能电网和电动汽车、3D 打印等是新一轮工业革命的重要内容。欧美等发达国家围绕复苏经济、提升竞争力、维护能源安全、克服气候变化挑战等需求，通过信息、可再生能源、新材料等技术的广泛融合和深度应用，培育新产业、新业态、新模式，努力实现经济发展方式的转变和产业结构调整。如德国提出的“工业 4.0”计划，致力于智能信息通信技术（ICT）部件、传感技术和驱动机械装置融合在产品和生产系统之中，使得现有的服务网络和被称之为物联网的物品网络一起快速发展，从而推动德国向现代产业转型。

在新一轮工业革命背景下，各国政府、企业、消费者之间的关系更加紧密，扁平化结构、分散合作式商业模式更为普遍。面对日益复杂、系统性需求，各企业间非常注重加强合作，发挥各自比较优势，通过合作创新，提供整体解决方案。如围绕智能社区建设，法国电力集团、施耐德电气、汽车制造公司、阿尔斯通、布依格集团等企业发挥自身在电力、能效、电动汽车、智能建筑等方面的优势，形成了紧密合作关系。巴黎充电基础设施建设由法国电力集团、施耐德电气、雷诺汽车公司、勒克莱克超市、万喜集团、威立雅环保集团等共同推进。巴塞罗那在智慧城市建设中，采用公私合作伙伴（Public Private Partnership）方式，充分调动政府、企业、非营利组织等各方的积极性和主动性，推动了项目的有效推进。

中国一直强调通过信息化与工业的深度融合，促进传统产业改造和产业升级，并将新一代信息技术列为新时期七大战略性新兴产业。在2015年“两会”的政府工作报告中，首次提出制定“互联网+”行动计划，并正式确立其为国家战略。可见，互联网已经跳出一个行业的范畴，正成为中国国民经济的重要新引擎，对整个社会的经济、文化、环境和资源都产生着深远的影响。“互联网+”代表一种新的经济形态，即充分发挥互联网在生产要素中的优化和集成作用，将互联网的创新成果深度融合于经济社会各领域之中，提升实体经济的创新力和生产力，形成更广泛的以互联网为基础设施和实现工具的经济发展新形态。

作为智能互联网的“互联网+”将引爆第七次信息产业革命。一方面，它继承了互联网的传输能力，可以远距离、实时、多媒体地传播；同时，这个传播是一个多向交互的传播，是大数据的存储、挖掘、分析能力，是智能感应能力共同形成的全新业务体系。

在此大背景下，各行各业向互联网领域渗透是经济转型的重要方向之一，在“互联网+”实现过程中，更大的发展空间应该是产业互联网。其核心是：以企业为中心，通过在研发、生产、交易、流通、融资等各个环节的网络渗透，提升生产效率、节约能源、降低生产成本、扩大市场份额、畅通融资渠道。因此，产业互联网也已经完成了从第三产业服务业到第二产业工业的跨越。

正如前面所分析，成本、供求变化及制度变革等会打破自然垄断的边界。信息技术带来的效率极大提升、需求迅速扩大、成本明显下降，不仅在传统制造业和服务业中出现，在垄断性产业也已经产生，并改变原有垄断性产业的产业结构，这对垄断性产业改革带来了极好机遇。首先是信息技术首当其冲将提高电信产业的可竞争性，移动通信成为主流通信方式；移动互联网等新兴业务快速发展。手机搜索、手机阅读、手机游戏、互动社区等相对成熟的移动互联网服务快速发展，手机支付、手机电视、M2M 等业务迅速崛起，并带动移动数据及互联网业务收入成倍增长，成为推动电信业务收入增长的新力量。其次，随新一代信息技术的广泛应用，垄断产业技术特征、规模和范围经济的边界势必被改变，自然垄断性行业的属性将被削弱，带来了更多引入其他社会资本、实现有效竞争的机会。再次，在新一轮产业革命中，生产组织模式将重构，垄断产业的组织结构也将更加扁平化，组织和行为模式的改变将不断冲击长期垂直一体化的自然垄断性产业。最后，信息技术更加强调合作创新，重视提供系统性解决方案，各种新业态、新服务、新商业模式将应运而生，这将对提供垄断性服务的产业或环节带来巨大压力，变革一触即发，极大推动相关产业的结构调整和产业重组。不可否认的是，中国目前信息领域的不充分竞争严重制约了信息化的总体进程。如不尽快打破行业垄断，推动相关产业升级创新，中国将在新一轮工业革命浪潮中落伍，也错失一次利用信息技术革命实现垄断性行业改革的绝佳机会。

（二）智能电网、特高压电网的技术经济特征

1. 智能电网的技术经济特征

智能电网（Smart grid）又被称为电网“高速公路”，是美国“未来能源联盟智能电网工作组”于 2003 年 6 月提出的。当时提出的智能电网定义为：集成了传统的现代电力工程技术、高级传感和监视技术、信息与通信技术的输配电系统，具有更加完善的性能并能够为用户提高一系列增值服务。由于全球智能电网还处于发展初期，国内外以及社会各界对智能电网的定义及特征有多种不同解释。有的专家提出智能电网是利用传感、嵌入式处理、数字化通信和 IT 技术，将电网信息集成到电力公司的流程和系统，使电网可观测、可控制和自动化；也有专家认为智能电网是通过将信息技术和电力运营技术结合起来，使电力系统各部分（发电、输电、变电、配电、用电等）自动化的数据结合起来，以实现完全的终端对终端的系统可视化的电网。

中国一些专家将智能电网定义为：一个完全自动化的供电网络，其中的每一个用户和节点都得到实时监控，并保证从发电厂到用户端电器之间的每一点上的电流和信息的双向流动。智能电网通过广泛应用的分布式智能和宽带通信，以及自动控制系统的集成，能保证市场交易的实时进行和电网上各成员之间的无缝连接及实时互动。国务院发展研究中心产业经济研究部认为，智能电网是将现代信息、通信和控制技术深度集成应用于电网各个领域，涵盖发电、输电、变电、配电、用电和调度各个环节，具有信息化、自动化、互动化特征，实现“电力流、信息流、业务流”高度一体化融合的现代电网。

美国、欧盟都很重视智能电网的发展，对智能电网的远景都制订了独立的文件。德国、日本、韩国则把智能电网远景作为未来能源战略目标的一部分加以提出。

智能电网的基本特征如下。

一是安全可靠。智能电网通过实时掌控电网运行状态及时发现、快速诊断和消除故障隐患，在尽量少的人工干预下，快速隔离故障、自我恢复，从而避免大面积停电的发生，提高了整个电力系统运行的安全性、可靠性和稳定性。

二是节能减排。智能电网以智能的方式将发电、电网与用电结合起来，实现与客户的智能互动，电力系统运行与批发、零售电力市场实现无缝衔接，同时通过市场交易来更好地激励电力市场主体参与电网的安全管理，从而降低能耗和峰值需求，更加有利于节能减排，减少碳排放。

三是具有兼容性。传统的电力网络主要是面向远端集中式发电的，而智能电网可容纳包括集中式发电在内的多种不同类型发电，包括分布式发电甚至储能装置。通过储能（包括电动车）、电网精益化管理、用户侧响应等手段，电网对风能、太阳能等间歇式能源的吸纳能力明显增强。

四是具有集成性。通过不断的流程优化、信息整合来实现企业管理、生产管理、调度自动化和电力市场管理业务的优化，形成全面的辅助决策支持体系，不断提升整个电力企业的管理效率。

五是经济高效。智能电网可优化资源配置，提高设备的传输容量和利用率，可在不同区域间进行及时调度，平衡电力供应缺口，支持电力市场竞争的要求，实行动态的浮动电价制度，以实现整个电力系统优化运行。

智能电网的发展还对各国电力管理体制提出了变革的要求。例如，智能电网由传统的电力单向流动变为双向流动，由于可再生能源等分布式能源的引入，电力用户既是传统意义的消费者，也能成为发电供应者，向电网反送电。这就需要解决具有消费者和发电提供者双重身份的终端用户（例如太阳能发电建筑一体化的拥有者）将其多余电量向电网反送电遇到的管制问题；为实现用户侧有效响应而引入实时电价机制问题。2009 年 7 月，美国联邦能源管制委员会提出了针对电力公司投资智能电网的“临时电价政策”，允许美国的电力公司通过提高电价以部分回收其在智能电网发展方面的投资。

目前，中国智能电网建设和世界主要经济体基本上处于同一水平，发展智能电网，是抓住新一轮能源和信息技术创新的历史机遇，是提高电力基础设施利用效率的重要举措，也是应对全球气候变化，推动绿色经济和低碳经济发展的重大战略选择。只要我们战略对头，措施得当，完全可以打破欧美等国家在技术领域的垄断，实现中国能源产业和技术的跨越式发展。

发展智能电网没有现成的模式可以遵循，必须结合中国国情进行积极地探索和创新。根据2009年5月中国提出的建设“坚强智能电网”的战略目标和发展规划，2016～2020年为引领提升阶段。全面建成统一的坚强智能电网，技术和装备全面达到国际先进水平，电网优化配置资源能力大大提升，清洁能源装机比例达到35%，分布式电源实现“即插即用”，智能电表实现普及应用。

从现实看，发展智能电网要求中国继续深化电力体制改革。中国电力体制虽然实现了政企分开、厂网分离，但在输电、配电和售电领域仍然缺少市场竞争和用户选择。电价形成机制尚不合理，电网企业购售电价空间有限，电网企业主辅业尚未完全分离，特别是一个合理、有效的动态价格体系还未形成，而这正是智能电网实现各主体间互动化的基础。此外，电力、通信、信息等行业的融合发展是有效发挥智能电网作用的关键，为实现这一目标，电源、电网、电力用户三者之间必须形成协调发展的共同目标。因此，智能电网不仅仅是一项现代电力工程技术，它实际上涉及到电力行业整体的变革，需要调整中国电力行业现有的管理体制、价格机制、定价方式、投融资机制，继续深化电力体制改革。发展智能电网还需要其他各行业、机构相互协同、步伐一致，并且需要政府给予激励政策和适当的资金支持。

2. 特高压电网的技术经济特征

中国能源禀赋与负荷中心呈逆向分布。中国常规能源资源主要以煤、水为主，煤炭资源保有储量的76%分布在山西、内蒙古、陕西、新疆等北部和西部地区，2/3以上的经济可开发水能资源分布在四川、云南、西藏等西南部地区。东部沿海地区虽然经济比较发达，电力负荷占全国总负荷的2/3以上，但是能源资源量却十分贫乏，水能资源比重不到8%，煤炭资源比重只有10%左右。中国经济发展与能源资源分布的不平衡性，决定了能源资源必须在全国范围内优化配置。

长期以来，中国电力发展方式以分省分区平衡为主，燃煤电厂大量布局在煤炭资源匮乏的中东部地区。随着中国能源开发西移和北移的速度加快，大型煤炭能源基地与能源消费地之间的输送距离越来越远，能源输送的规模越来越大，导致铁路、公路运输长期忙于煤炭大搬家，煤电油运紧张状况时常发生。东部地区受土地、环保、运输等因素的制约，已不适宜大规模发展燃煤电厂。要满足未来持续增长的电力需求，从根本上解决煤电运紧张反复出现等问题，促进大型煤炭能源基地的集约化开发，必须加大输电比重，实现输煤输电并举，使得两种能源输送方式之间形成一种相互保障格局，减轻铁路、公路的煤炭运输压力，提高能源供应安全和高效经济运行。这客观上要求实施电力的大规模、远距离、高效率输送，与大水电、大核电、大型可再生能源基地的集约化开发和利用一道，形成全国范围的资源优化配置格局。

特高压是指交流1000千伏和直流±800千伏的电压等级，特高压电网尽管建设难度大，但它具有容量大、距离远、能耗低、占地省、经济性好等方面的优势。通过建设特高压电网，中国可以实现电力的大规模、远距离输送，促进水能、风能、太阳能等清洁能源的高效、安全利用，还可大幅度提高电网的安全性、灵活性、可靠性及经济性。

国家电网公司提出的“坚强智能电网”是坚强网架与智能化有机融合的电网。坚强网架是实现安全可靠供电的物质基础，智能化是提高电网安全性、可控性、适应性和互动性的关键。中国正在建设的大型能源基地与中部、东部负荷中心的距离一般都在800千米以上，远的达到3000千米以上。只有建设坚强的网架，才能大幅提高电网优化资源配置能力和抵御事故风险能力。特高压电网就是这个坚强网架的骨干。据国家电网公司估算，2020年前后国家电网特高压网架建成后，通过获取联网效益，全国可节约装机约2000万千瓦，折合投资约500亿元。同时每年还可获取减少弃水电量效益约60亿千瓦时，折合资金6亿元。特高压输电方案比与500千伏输电方案相比，可降低网损约280万千瓦，相当于节约电源容量投资110亿元；全国煤电利用小时数提高约100小时，发电经济性相应提高。2020 年前后特高压传输煤电容量约 1.1 亿千瓦，每年可以节省电煤运输 2.5 亿吨以上。

从 2009 年 1 月 6 日，中国自主研究、设计、建设的拥有完全自主知识产权的晋东南－南阳－荆门 1000 千伏特高压交流试验示范工程建成投运，到 2010 年 7 月 8 日，由中国自主建设的世界电压等级最高、输送容量最大、送电距离最远、技术水平最先进的向家坝－上海特高压直流输电示范工程成功投运，特高压工程使中国在特高压输电领域率先实现了“中国创造”和“中国引领”，中国已掌握了特高压输电核心技术，成为世界特高压输电技术的“领跑者”。国家电网的目标是到 2020 年建成以“三华（即华北、华东、华中）”特高压同步电网为中心，东北特高压电网、西北 750 千伏电网为送端，联结各大煤电基地、大水电基地、大核电基地、大可再生能源基地，各级电网协调发展的坚强智能电网。

发展特高压电网也影响着中国电力体制改革。按照《电力体制改革方案》的规定，区域电网公司的改制方向是组成股份制有限责任公司，建立规范化的公司治理结构和现代企业制度。近年，国家电网公司在启动特高压项目的同时，要求各省电网公司将 500 千伏输电骨干网络资产上交至国家电网公司，并在人事、财务、工程管理等方面加强了对区域电网公司的直接领导。区域电网公司的职能被大幅削弱，这势必影响区域电力市场功能的发挥。

发展特高压电网提高了电力输送能力，加强了几大区域电网之间的联系，甚至最后会出现全国一张网的局面，这就要求中国电力监管部门提高电力监管能力，创新管制手段，特别是独立输配电价的出台以及对电网建设和运营成本的监管。中国电力体制改革应考虑特高压电网建设所产生的影响，在保持电网规模经济的同时积极推进输配分开和区域电力市场建设。

（三）高速铁路的技术经济特征

高速铁路作为一种安全可靠、快捷舒适、运载量大、低碳环保的运输方式，已经成为世界铁路发展的重要趋势。1964 年 10 月 1 日，日本东海道新干线东京 - 大阪开通运行，法国 1981 年修建了第一条高速铁路（TGV 东南线），都取得了显著的经济效益和社会效益。此后，世界上许多国家和地区纷纷兴建、改建高速铁路。中国未来客流有两大特点：一是客流量大，二是客流集中。客流量大、集中正是发展高速铁路的优势所在，高速铁路在中国可以充分发挥其技术经济优势，具有广阔的发展空间。

2003 年左右，中国政府最终决定以高速轮轨技术作为中国铁路技术的发展方向。国务院于 2004 年 4 月召开会议，专门研究铁路机车车辆装备有关问题，形成了《研究铁路机车车辆装备有关问题的会议纪要》（以下简称《会议纪要》）。《会议纪要》明确了“引进先进技术、联合设计生产、打造中国品牌”的基本原则，确定了重点扶持国内 6 家机车车辆制造企业，引进少量原装、国内散件组装和国内生产的项目运作模式。按照这一要求，铁道部确定了实施铁路装备现代化的具体方案。在明确了总体规划和实施方案后，相关政府部门从提高技术能力和刺激需求两方面，带动中国铁路企业和研究机构的技术升级和能力提高。在铁道部主导下，搭建了技术引进、消化、吸收和再创新的科研团队，组建了一系列高精尖科技研发平台，有效组织和协调技术引进与消化吸收进程，支持企业加大自主创新投入。

在 2004 年开始的第六次铁路大提速中，国内机车企业用了 3 年多的时间，实现了高速动车组技术和大功率机车技术的引进和国产化目标，形成了中国高速列车的设计、研发和制造体系，自主开发了具有世界先进水平的高速列车。目前，中国已系统掌握了时速 250 千米和时速 350 千米及以上速度等级涵盖设计施工、装备制造、系统集成、运营管理等高速铁路成套技术，构建了具有自主知识产权和世界先进水平的高速铁路技术体系。中国成为世界上高速铁路系统技术最全、集成能力最强的国家。

根据《中长期铁路网规划》，中国高速铁路发展将以“四纵四横”为重点，构建快速客运网的主要骨架，形成快速、便捷、大能力的铁路客运通道，逐步实现客货分线运输；到 2015 年底，中国高速铁路营业里程将达到 1.6 万千米以上，以高速铁路为骨架，总规模 5 万千米的快速铁路网基本建成。

高铁的主要技术经济特征如下。

1. 时效性

时效性是旅客和货主在选择运输方式时考虑的主要因素之一，特别是随着经济的发展和人们生活水平的提高，对出行质量和货物运输速度的要求也逐渐提高。高速铁路是运行速度达到250千米/小时及以上的铁路，而传统铁路的运行速度一般在80~120千米。汽车在高速公路上行驶，平均时速120千米/小时。民航飞机的飞行速度一般在900千米/小时。运行速度只是决定时效性的一个方面，从整个旅行时间来看，还要考虑到达车站的时间、候车的时间、出站疏散的时间等。高速铁路的车站比机场更加接近城市中心，列车开行密度可以到达4分钟及以下，安检、进站等手续也要比飞机省时，因而从旅行时效性来讲，一般在1000千米内，高铁的时效性比飞机还要高。高速铁路通过套跑，开通了许多短途通勤运输，如“廊坊号”（北京－廊坊高铁）、燕郊高铁等，使高铁的服务范围更加扩大。高铁在60~1000千米之内，都表现出很强的时效性优势。

2. 经济性

经济性也是旅客和货主在选择交通方式的主要因素之一。从实际票价来看，高铁二等座票价是传统铁路的2倍左右，略高于客运汽车，低于飞机票价，旅行成本低于自驾车的成本。此外，高速铁路在占地、能耗等方面具有明显的社会效益。根据相关研究，高速铁路线路用地指标为3.99公顷/千米，高速公路每千米线路建设用地约为高速铁路的1.5倍。因此，按照设计能力进行单位用地比较，要完成同等的运输周转量，高速公路用地约为高速铁路的2.5倍。

高速铁路在完成单位运输量能耗方面也要优于公路和民航。

按照中国2008年旅客运输完成每万人千米的能源消耗计算，电力牵引铁路、巴士、民航能耗比例为1∶4.6∶16，而公路私人和社会车辆的单位能耗远高于巴士。

3. 安全性

交通运输的安全性取决于多种因素，主要有环境因素、技术因素和人为因素。一般情况下，环境变化越小、技术越稳定、受人为因素影响越少，安全性越高。高速铁路在全封闭环境中自动化运行，又有一系列完善的安全保障系统，所以其安全程度是其他交通工具无法比拟的。

4. 输送能力大

目前各国的高速铁路几乎都能满足最小行车间隔4分钟及以下（日本可以达到3分钟）的要求。高速铁路的列车运行速度也在不断提高，2015年3月25日，由青岛四方庞巴迪铁路运输设备有限公司生产的CRH380D型动车组最高试验时速达到420千米。高铁的定员也不比传统铁路少，如新干线的平均定员为1178人，最高为1634人，最低为630人。高速铁路在开行密度、运行速度和定员等方面的优势决定了其输送能力大的特点。日本东海岛新干线年均输送旅客达1.2亿人次。4车道高速公路客运专线，年均输送能力8000多万人。航空运输受机场容量限制，年均输送能力不足2000万人。高速铁路的运能要高于高速公路和航空运输。

5. 受气候变化影响小

高速铁路全部采用自动化控制，除极端恶劣天气，可以全天候运营。而飞机机场和高速公路受到气候的影响比较大，在浓雾、暴雨和冰雪等恶劣天气情况下，都必须关闭停运。

对于交通行业来说，高速铁路的出现既是挑战也是机遇，作为一种新型的运输方式，高铁必将给运输市场格局带来深刻的变化。高速铁路在时效性、经济性等方面表现出的优势成为其他运输方式强有力的竞争对手。在中短途领域，高铁与汽车竞争，吸引了大量的汽车客源；在中长途领域，高铁与飞机竞争，民航为了应对高速铁路的竞争，不断推出打折机票，也被迫关闭了许多线路。

但高铁也为运输市场带来许多新的机遇。高铁依托于固定的网络基础设施，建设成本高，必然不会覆盖所有的地区。而高铁是新的经济增长带，必然带动周边经济贸易的发展。充分利用高铁带来的区域经济增长，在高铁车站周边，发展新的服务范围，也会给客运汽车带来许多新的商业机会。在物流领域，高铁凭借速度优势也逐步开发新的快递产品，但高铁不可能独立完成门到门运输，因而必然要与其他运输方式协作，充分利用这种机遇也会给整个物流业带来新的发展。而通过与高铁的合作，国内长途、国际的航空运输、远洋运输也可以通过高铁快速的集散，从而提高自身的经济性、时效性。海南航空公司等民营航空公司，就充分利用高铁，开展空铁联运，吸引了许多客源。

高速铁路的出现将迫使道路运输、民航运输等其他运输方式不断改进自身服务，重新审视行业自身发展特性，扬长避短，实现各种运输方式优势互补，共存共赢。高速铁路与其他运输方式相互融合，将会使中国综合运输体系更高效、更便捷、更经济、更好地满足全面建设小康社会的需要。

此外，高速铁路的快速发展，对中国铁路体制改革提出了新的要求。第一，研究制定铁路体制改革方案，必须考虑高速铁路发展壮大后铁路行业出现的新变化，比如路网与客运公司之间的关系，铁道部与地方铁路局之间的关系，高速铁路的投资、建设与运营能否实现市场化，高速铁路管理体制的创新等。第二，目前中国高速铁路建设筹资渠道狭窄，市场化融资规模较小，难以满足大规模建设的融资需求。高速铁路的发展客观上要求铁路部门加大投融资体制改革力度，为民间资本的大规模进入创造条件。发展高速铁路应充分利用资本市场，通过股改上市、增发等方式筹集发展资金。

（四）页岩油气革命及其对国际石油市场的影响

页岩油气是近年来油气领域出现的最重要的新力量。美国从2000 年左右在页岩气上首先实现突破，到 2011 年页岩气产量为1800 亿立方米，是 2000 年产量的 15 倍，占其天然气总产量的34%。由于页岩气供应的快速上升，2011 年开始出现了天然气供大于求、价格大幅下降的局面。之后，页岩革命从天然气转向了石油，从 2011 年中期开始，美国页岩油的产量大幅增加，石油供应也从 550 万桶/天快速上升到 2014 年底的 930 万桶/天，在短短的3年时间内增加了380万桶/天的石油供应。这一供应增量超过伊朗、伊拉克在OPEC中排名第二、第三位的国家石油产量，相当于3年增加了一个OPEC的产油大国。如果再考虑上美国页岩气每年生产3000亿立方米，折合600万桶/天油当量的供应能力，影响更大。更重要的是，页岩油气革命改变了国际石油价格的控制权。以前国际石油供求紧张，沙特拥有200万~300万桶/天剩余产能来调节国际石油市场的平衡，沙特在很大程度上决定了油价走势的基本面。目前美国页岩油产量已达到420万桶/天，超过沙特剩余产能。并且，页岩油由大量的中小企业进行生产，背后有风险投资和金融机构的支持，对市场反应很快，一旦有利可图，就会蜂拥而入，产量快速增加，使得全球石油供给曲线在超过页岩气成本以后变得非常平坦。美国的页岩油替代了沙特的剩余产能开始决定国际油价走势的基础走势。

从中长期来看，油价将恢复到70~80美元/桶的水平上。美国页岩油平均成本在60~70美元/桶左右。加拿大油砂、巴西深海石油、委内瑞拉的重油的成本都在60美元/桶以上。国际石油需求在温和增长，随着需求增长吸收完目前的过剩产能，国际石油的价格将回到页岩油以及其他非常规石油供应成本之上。另外，从OPEC国家来讲，很多国家的财政预算也是基于80美元/桶来考虑，如果油价持续处于低位，相关国家的稳定性会受到考验。因此，从中长期看，石油价格将回升到70~80美元的水平上。

三、垄断行业改革面临的新要求

（一）全面建成小康社会的新要求

党的十八大根据中国经济社会发展实际和新的阶段性特征，提出到2020年全面建成小康社会的总目标，使发展成果真正惠及十几亿人口，经济、政治、文化、社会、生态文明全面发展，为实现社会主义现代化建设宏伟目标和中华民族伟大复兴奠定坚实基础。全面建成小康社会的总目标为垄断行业的改革和发展提出了新的要求。垄断行业是公共服务提供的重要领域，加快垄断行业改革与发展，为全社会提供安全、高效、优质的电力、铁路、电信、民航、供气供水等服务，是全面建成小康社会的基本条件和重要基础。全面建成小康社会，迫切要求垄断行业进一步创新发展模式正确处理好公共性与盈利性的关系，既确保行业的健康和可持续发展，也可以高水平地提供重要公共服务。

（二）全面深化改革的新要求

垄断行业自身的经济属性，决定了改革的艰巨性和复杂性，是进一步深化经济体制改革的攻坚领域，其中，准入制度、价格形成机制、投融资体制等都是垄断行业改革的重点和难点。十八届三中全会《关于全面深化改革若干重大问题的决定》，提出让市场在资源配置中发挥决定性作用同时更好发挥政府作用，从经济制度、市场体系、政府职能转变等方面做出了战略部署。市场决定资源配置是市场经济的一般规律，健全社会主义市场经济体制必须着力解决市场体系不完善、政府干预过多等问题。与此同时，政府的职责和作用主要是保持宏观经济稳定，提供重要公共服务，保障公平竞争，加强市场监管，维护市场秩序。从垄断行业的改革看，要建立公平开放透明的市场规则，实行统一的市场准入制度，在制定负面清单基础上，各类市场主体可依法平等进入清单之外的领域；要改革市场监管体系，实行统一的市场监管，清理和废除妨碍全国统一市场和公平竞争的各种规定和做法，严禁和惩处各类违法实行优惠政策行为，反对垄断和不正当竞争。

（三）全面依法治国的新要求

党的十八届四中全会，以依法治国作为主题，是推进国家治理体系和治理能力现代化的新开拓。2015 年政府工作报告中，“全面推进依法治国”的要求更加明确具体，要“加快推进法治政府、创新政府、廉洁政府和服务型政府，增强政府执政力和公信力，促进国家治理体系和治理能力现代化”。全面推进依法治国，将从根本上改变以往“先破后立”的改革套路，即在一段时间里，由于法律法规的滞后和不健全，部分改革不得不采取突破法律的方式推进，等这项改革成熟后，再把改革的经验规定到法律中。要先立法后推行，“先立后破”，确保一切改革举措都在法治轨道上进行，不允许再存在于法治轨道之外的改革试点。由此，垄断行业的改革将会从长期以来主要依靠政策规定推进改革，转变为全面依靠法律、政策综合推进改革的新阶段。垄断行业必须以完善相关法律法规为基础，逐步建立起依法监管的现代监管体系。

（四）国际垄断行业改革实践的影响

从20世纪70年代后期开始，美国、英国、德国、日本等发达国家相继放松了对垄断性行业的管制，通过产权改革、产业重组等方式增强垄断性行业的可竞争性，积极培育有效竞争市场，让市场竞争机制充分发挥作用；同时，尝试采用激励规制等新的管制方法，改进政府管制效率。中国垄断性行业与美国、欧盟、日本等国具有相似的改革起点，改革的许多目标是一致的。中国已经进行的垄断行业改革是在大量参考、借鉴国外垄断行业改革经验的基础上进行的。新的阶段，加快垄断行业改革，也要求进一步研究借鉴国际上垄断行业改革和发展的新举措。

第四章

新时期垄断性行业改革的基本思路、目标和主要任务

新时期中国改革进入攻坚期和深水区，垄断性行业的国有企业改革是重中之重。党的十八届三中要求全面深化改革，使市场在资源配置中起决定性作用和更好发挥政府作用，积极发展混合所有制经济。准确界定不同国有企业功能。国有资本继续控股经营的自然垄断行业，实行以政企分开、政资分开、特许经营、政府监管为主要内容的改革，根据不同行业特点实行网运分开、放开竞争性业务，推进公共资源配置市场化。进一步破除各种形式的行政垄断。完善主要由市场决定价格的机制，凡是能由市场形成价格的都交给市场，政府不进行不当干预。推进水、石油、天然气、电力、交通、电信等领域价格改革，放开竞争性环节价格。政府定价范围主要限定在重要公用事业、公益性服务、网络型自然垄断环节。深化企业的市场投资主体地位。这些都为垄断性国有企业深化改革提供了正确的方向。

一、总体思路

立足于中国垄断性行业改革与发展的实际，特别是垄断性行业呈现出的新特征与新趋势，新时期推进垄断性行业改革应坚持以下思路：以改革促发展，以市场化为导向，着力提高供给能力和服务水平；以进一步打破垄断、引入竞争，鼓励非国有资本进入公益事业为手段，不断增强可竞争性，培育有效竞争；以转变政府职能，实现政企分开、政资分开、政监分开为重点，进一步创新监管方法，进一步完善监管制度；设计新的普遍服务提供机制，保证普遍服务的质量。

（一）以改革促发展

中国在经历了30多年接近两位数的高增长后，从2012年开始，增长速度回落至7%~8%之间，明显下了一个台阶。由于中国经济基本面和增长潜力的确正在发生变化，再恢复到以前接近两位数高增长的条件已不再具备。基于对中国发展实际及相关国际经验的分析，现阶段中国的潜在增速尚不会滑落至低速水平，而是具有中高速增长潜力。但中高速增长并不能在延续旧的增长模式下自动实现，而是需要通过深化改革和调整政策去争取，特别是深化垄断性行业领域的改革，为新增长动力和新发展模式的形成奠定体制基础。

具体来说，通过深化改革促发展，需要从需求和供给两个方面努力。从需求方面看，虽然与改革开放初期相比，中国城市建设、房地产开发、高速公路等基础设施日趋完善，投资需求空间有所缩小。但客观地说，投资需求空间仍然是不小的。比如，城市地下管网改造升级、中西部地区和农村地区基础设施及公用事业的完善、农房的抗震改造，等等，投资潜力还非常大；农村的现代化对工业化还存在诸多需求。而经过多年发展，中国完全具备满足这些巨大潜在需求的生产能力。问题在于，与前一阶段的投资相比，这些领域投资的一个突出特点，就是大都具有一定的公益性质，不都是可以直接商业化的投资。如何通过财政、金融制度的改革与创新，建立适应新形势的可持续的投融资体制，从而充分释放国内投资需求潜力，从需求侧形成拉动增长的新动力，是我们面临的重大改革挑战。

从供给方面看，需要通过深化改革进一步发挥中国的比较优势潜力。虽然中国正在经历发展阶段的转换，但传统的比较优势并没有完全消失。比如，尽管这些年中国劳动者工资和福利水平有较大幅度的提高，在不少劳动密集型产业方面的比较优势有所削弱，但国际比较分析说明，与发达经济体相比，中国劳动力成本优势依然十分明显。现在中国的劳动力成本实际上只相当于美国的 1/7 左右。另外，在传统劳动力比较优势减弱的同时，中国在高技术、高素质劳动者方面拥有的比较优势越来越明显。可是，由于金融、能源、交通等领域的垄断没有被彻底打破，政府管制过多，以及其他方面制度的不健全，导致在一些制造业领域，中国的综合成本反而比美国还高。如中国的物流成本占企业成本的比重高达30%～40%，而发达国家只占10%～15%。所以，必须通过深化改革，打破垄断，把中国本来就具有的比较优势充分发挥出来。

客观地说，目前中国垄断性行业虽然基本满足了经济社会发展的需要，但尚无法适应经济社会进一步发展和全面建成小康社会的要求，垄断性行业的发展水平与发达国家相比还有比较大的差距。因此，必须进一步深化改革，以改革促发展，提高供给能力和服务水平。下面，我们以铁路运输业和电信业为例进行说明。

中国铁路运输业的供应能力长期不足，制约了经济社会发展。主要表现如下。

第一，中国铁路网规模的扩张明显滞后于国民经济发展的速度。1978～2014年，中国现价GDP由3624.1亿元增加到63.64万亿元，增长了93倍，中国GDP年均保持9.8%左右的增长速度。但是，中国铁路营业里程从1978年的5.17万千米增长到2014年的11.2万千米，仅增长了1.17倍，年均增长2.17%。中国铁路以占世界铁路6%的营业里程完成了世界铁路25%的工作量，效率世界第一，铁路的运输密度和紧张程度也是世界第一。

第二，中国铁路运力长期不足，严重不适应经济社会发展的需要。一方面，国内铁路货运需求不断加大，全路申请车皮量始终居高不下，供给远远小于需求。2003～2014年，全国铁路货物发送量从22.4亿吨增加到近39.7亿吨，每年增加1.64亿吨左右，是铁路运量增长最快的时期，但是，铁路运需矛盾仍然非常突出，全路每天申请车皮的满足率总体上只有35%左右，供需缺口巨大。

“十二五”时期，中国电信业实现了快速发展。目前，中国网络规模和宽带用户数量均居世界第一位，但互联网基础设施与发达国家相比差距较大，中国宽带接入速率和人口普及率低，平均资费高，带宽消耗更多是用于娱乐性，而非生产性。2014年，中国互联网网速平均速率仅3.7Mbps，排名全球第73位。在宽带接入速率上，中国与日本、韩国等国家还有很大差距。

（二）增强可竞争性

按照可竞争市场理论，在近似的完全可竞争市场上，自由放任政策比通常的政府规制政策更为有效。当然，可竞争市场理论并不认为无约束的市场能够自动解决一切经济问题，也不认为所有实质上的政府规制和反托拉斯措施都是不应该的，都是有害的干预。在鲍莫尔等经济学家看来，政府的竞争政策与其说应该重视市场结构，倒不如说更应该重视是否存在充分的潜在竞争压力，而确保潜在竞争压力存在的关键是要尽可能降低沉淀成本。为此，他们主张一方面积极研究能够减少沉淀成本的新技术、新工艺，另一方面要排除一切人为的不必要的进入和退出壁垒，放松经济规制，以保证市场的可竞争性和多元产品厂商的收益稳定。在近似的完全可竞争市场中，自由放任政策比通过行政手段或反托拉斯手段主动干预更能有效地保护一般公众利益。传统观点认为，有形成垄断势力之嫌的少数几个大厂商垂直兼并、横向兼并及其他组合，在有可竞争性存在时，他们都变成无害的甚至可能是更有效率的了。

1. 可竞争市场理论对垄断性行业改革既有用又重要

可竞争市场理论在提出后，受到了一些批评。批评者认为，现实中真正符合可竞争市场理论假设条件的产业并不多，该理论在适用范围方面还存在着很大的局限性。其中，对这一理论最主要的批评可归纳为以下两个方面。

第一方面的批评是，市场进入者沉淀成本为零的假设是不符合实际的。新企业在采取“袭击”策略时，总会有一部分固定资产沉淀下来不能撤走或处理，产生或多或少的沉淀成本，从而影响市场的可竞争性。特别是在电力、铁路等垄断性行业中，沉淀成本往往很大，在一定程度上阻碍了新企业的进入，使它们无法采取“袭击”的市场进入方式。

第二方面的批评认为，可竞争市场理论假定新企业能够快进快出，在产业内现有企业做出降低价格的反应前，新企业能够以相同或更低的价格与现有企业展开竞争，能够顺利夺取它所需要的业务量，这种对新企业进入后所采取的行为及其结果的假定是不符合实际的。因为新企业要建立自己的经营规模往往需要花费较长的时间，在此时间内，现有企业可能采取多种阻碍潜在竞争者进入市场的战略，对新企业实行战略性进入遏制（strategic entry deterrence)，也可能迅速做出降价反应，使袭击式进入变得无利可图。

实际上，可竞争市场理论只是一种理想的状态，但它既有用又重要。它考虑到决定市场结构的外部因素，突出了沉淀成本的重要性，并强调了潜在竞争对规范在位企业行为的积极作用，为解决经济规制问题提供了新的理论指导，特别是提供了一个能够评论具有进入壁垒的市场均衡的比较标准。在可竞争市场理论和其他经济思想的影响下，美国等国家的政府逐渐改变了发展垄断性行业的思路，注重在垄断性行业内引入竞争机制，通过鼓励和刺激竞争而不是压抑竞争来提高垄断性行业的运营效率，并采取了一些实质性的改革举措来提高垄断性行业的可竞争性，取得了良好的成效。在中国垄断性行业深化改革的过程中，也必须以增强垄断性行业的可竞争性为目标导向，借鉴可竞争市场理论的有益思想，通过鼓励和刺激竞争来提高垄断性行业的运营效率。

2. 在垄断性行业中培育有效竞争

在引入市场竞争机制后，“马歇尔冲突”重新浮出水面。如何在保持规模经济的前提下充分发挥竞争活力，成为中国垄断性行业面对的一项长期挑战。美国等国家在垄断性行业改革中将兼容规模经济与竞争活力的有效竞争作为目标导向，以此来制定改革政策，争取有效解决“马歇尔冲突”。下面我们对有效竞争这一概念进行剖析，并探讨如何在中国垄断性行业中培育有效竞争。

有效竞争的实质是既发挥规模经济的作用又避免垄断，既保持竞争活力又不出现破坏性竞争，在这种竞争状态下能够保持较高的经济效率。不过，有效竞争的诸多标准在操作层面上有很大的局限性，同时符合所有的标准几乎是不可能的。在如何实现有效竞争这一问题上，各个学派的政策主张也截然不同。

推进垄断性行业的改革与重组，实现有效竞争，实际上是解决两个核心问题：一是竞争的可行性（feasibility），也就是使引入竞争成为可能；二是竞争的合意性（desirability），也就是使市场竞争有效率。在改革方案的选择上，中国政府应对改革的成本与收益进行权衡，根据垄断性行业的技术经济特征制订具体的改革方案。

当存在严重的自然垄断时，竞争既不可行又无效率。如果垄断性行业在整体上仍然存在强自然垄断，即使放松政府管制，实行自由化政策，也难以在产业内形成有效竞争。在绝大多数情况下，强自然垄断仅在垄断性行业的个别层面存在，这些层面集中在传输网络上，如电力产业的电力输配网络，电信业的本地电话网络，铁路运输业的路网基础设施等，其他层面的自然垄断特征不明显。此时，采取的改革办法通常是进行产业重组，即在条件允许的情况下，将垄断性业务和竞争性业务分拆，以此奠定市场竞争的基础。分拆之后，解除对竞争性业务的经济性管制，同时，在垄断性业务上也放开市场进入管制，允许企业间开展竞争，增强垄断性业务的可竞争性。不管是竞争性业务还是垄断性业务，都力求塑造公平竞争环境，积极培育有效竞争。在形成有效竞争之前，对垄断性业务应进行经济性管制，可引入最高限价等新的经济性管制办法，提高管制效率。

当竞争是合意的，但不可行时，就需要采取协助进入和限制垄断的政策，如解决网络接入问题，实行网络的互联互通，对原先的垄断性企业实行所有权分离等，清除那些人为设置的产业进入壁垒，为新企业进入乃至形成公平竞争格局创造条件。下面我们专门分析一下市场化改革中产生的网络接入问题及其解决办法。

在中国垄断性行业中培育有效竞争，必须在体制改革和行业重组中处理好下述几个方面的关系。

第一，处理好规模与竞争之间的关系。伴随着技术的进步和市场需求的增加，自然垄断属性削弱、范围缩小，只是在传输网络层面仍存在自然垄断特征，这为放松市场准入、引入市场竞争奠定了基础。从市场竞争的角度看，竞争环节上市场的参与者越多越好，这就要求解除市场进入管制，分拆在位垄断企业；而从规模经济的角度看，在规模报酬递增和存在网络效应的情况下，市场集中度越高越好。因此，在产业重组过程中，必须处理好规模与竞争之间的关系，一方面，可通过制度设计，在竞争性环节尽可能引入市场竞争机制，同时对传输网络环节保持一定的经济性管制；另一方面，在重组方案的设计上，应以有效竞争为目标导向，兼顾规模经济和竞争活力，形成适度、健康的市场竞争格局，既防止垄断，又避免过度竞争和重复建设。

第二，要处理好监管与竞争之间的关系。竞争意味着市场主体增多，为消费者带来更多的自由选择，但电力、电信、铁路、石油天然气、民航、市政公用事业等市场绝非完美的市场，不仅存在自然垄断问题，还存在外部性问题，在放松传统的政府管制，引入竞争机制的同时，还必须加强监管。一方面要对电网等自然垄断环节实行价格、公平接入的监管；另一方面对竞争性的环节也要进行监管，但监管的内容要发生重大调整，监管的重心由以往的经济性管制转变到社会性管制上来，即加强对环境、安全、质量、市场结构（防止产生和滥用市场力）和资源效率等方面的监管，而不是对投资、价格等的审批。进行监管的目的是增强可竞争性，维护市场公平竞争秩序。

第三，处理好改革与重组之间的关系。应将垄断性行业的重组与改革有效结合起来，在重组的同时真正实现政企分开，实现国有企业经营机制的转型，构建现代企业制度。垄断性行业中的国有企业还应积极引入新的投资者，完善公司治理结构，增强发展的后劲和活力。

第四，处理好改革与发展之间的关系。市场竞争会带来效率的提高，但不切实际的竞争会影响到市场稳定和产业的可持续发展。一些先行改革的国家在电力体制改革中所出现的问题之一是未能处理好改革与发展之间的关系，出现了电力改革后投资激励不足的问题，最近这些国家做出的调整也多集中在此方面。例如美国加州改变了全电量实时竞争的电力市场模式，英国政府改变了电力库模式，转而发展长期合同市场，其中的原因都是寻求市场竞争与投资激励的平衡点，以解决稳定发展的问题。中国的电力需求增速要比发达国家快得多，改革目标的设置，必须与发达国家有所区别，要明确促进竞争、有利发展的双重改革目标，以竞争提高效率，形成有效的激励机制推动电力产业的持续、稳定发展。为此，需要解决好两个关键性问题：一是采取何种市场模式，市场竞争模式以中长期合同为主，而不是以电力现货市场为主，既可以平滑电力市场的大幅波动，也可以为发电企业的投资带来长期激励；二是对输配电价的监管方式，使得电网公司有长期投资的愿望和能力。

（三）完善监管制度

在垄断性行业改革过程中，中国政府进行了建立现代管制制度的有益尝试和探索，提高了监管效率。今后可根据产业发展中出现的新情况和新问题，通过创新管制方法、调整监管机构职能等举措进一步完善监管制度。

1. 放松经济性管制并加强社会性管制

管制，有时也称为监管或规制，它是“行政机构根据法律授权，通过制定规章、设定许可、监督检查、行政处罚和行政裁权等行为，对社会经济中的机构和个体行为进行直接的干预和控制”。管制涵盖了三个领域：经济性规制、反托拉斯管制（antitrust regulation）和社会性管制（social regulation）[①]。经济性规制是一国政府

① 反托拉斯管制即我们通常所说的“反垄断”；社会性管制主要包括健康、安全和环境管制。

依据法律法规对微观经济进行的直接干预，它是一种替代市场竞争的制度安排，属于“市场监管”的范畴。在实践中，经济性规制表现为规制机构依据法律、法规的规定，对微观经济层面进行管理。它一般是通过控制价格、企业数量、产量、投资额等对企业的决策施加制约。

由于经济性管制效率低下，对经济发展具有负面影响，中国政府近些年积极推进政府职能转变，取消了大量的行政审批事项，缩减了经济性管制职能，对微观经济的干预大大减少。不过，在价格、投资、市场进入、市场退出等关键性环节，相关监管部门目前仍对垄断性行业进行较为严格的经济性管制，行政审批事项仍然不少，不仅增加了企业的成本，并且制约了相关产业的发展。除传输网络具有一定的自然垄断性质，对此进行经济性管制具有一定的合理性外，可以引入市场竞争机制的环节今后应尽可能放松乃至取消价格、投资等方面的管制，增强垄断性行业发展的活力。建议各级政府部门在“十二五”期间继续缩减经济性管制职能，减少和取消行政审批事项，尽可能不对微观经济进行直接的干预，与此同时，要加强健康、安全、环境等方面的社会性管制，进一步转变政府职能，做到既不越位也不缺位，“该管的事一定管好，不该管的事坚决不管”。与此同时，监管机构自身的职能也应进行调整。在进行职能调整后，监管机构的职责主要如下：对自然垄断环节（如电力输配网、本地电话网）在成本透明的基础上进行价格管制；对网络公平接入进行监管（如电信网的互联互通、电网的公平接入等）；解决普遍服务问题；维护公平竞争秩序，防止市场垄断、价格共谋、欺诈等行为。

2. 创新管制方法

从中国电力等垄断性行业的管制实践可以看出，投资回报率等传统经济性管制方式暴露出了一些严重的问题。在继续维持管制体制的情况下，可以根据实际情况，在中国垄断性行业的管制方法改革中尝试运用最高限价管制、非对称管制、特许权竞争等新型管制方法提高经济性管制的效率。创新管制方法的目的是既给企业以提高经营效率的激励，同时尽可能实现消费者福利的最大化。

（1）最高限价规制是重要的新型管制方法

20 世纪 80 年代以来，最高限价规制在美国电信业，英国电信、电力、自来水等产业中得到了应用，并取得了较好的效果。最高限价规制模型不仅适用于单一产品和服务，也适用于多种产品或服务的价格规制。在多产品情况下，最高限价规制为各种价格规定了特定的权重，控制它们的加权平均价格。在实践中，通常采用一种更为简便的规制方式：收入控制规制。在这种规制方法下，不需要考虑单个产品或服务的具体价格，实际上的权重变为有效出售的产品或服务的数量。

（2）特许权竞争机制设计

特许权竞争是西方国家在经济规制改革过程中引入的一种激励性规制方式。这一机制设计的核心是通过企业之间为赢得特许权而进行的竞争，间接达到消除垄断租金，实行有效定价及取得生产效率的目标，从而实现经济规制与市场竞争之间的兼容。特许权竞争在美国有线电视等产业中得到了应用。不过，由于特许权竞争具有一些内在的缺点，它在经济规制中发挥作用的领域比较狭窄。与传统的规制方法相比，特许权竞争具有两个优点。第一，特许权竞争能以更低的成本实现与经济规制相同的预期效果。特许权竞争不要求规制者具备关于企业成本和需求状况的充分信息，竞标企业之间的竞争可以代替规制者的决策，实现平均成本定价，这降低了规制者搜集信息的成本。第二，在特许权竞争中获胜的企业具有充分的激励去有效利用生产资源，提高生产效率，通过成本节约获得更高的利润水平。特许权竞争还可以避免投资回报率规制下的过度投资趋向。

（3）标尺竞争规制理论及其应用

由于信息不对称使得经济规制低效率或失败，规制者试图运用可以获得的信息来降低这种不对称性。一种方法是将被规制企业与处于相似技术环境下的企业进行比较，分析它们绩效的差别，以此为基础制定具体的规制政策。这就是标尺竞争（Yardstick Competition）[①] 规制理论的出发点。标尺竞争并非是同一市场上不同企业之间的直接竞争，而是不同地区市场上企业之间的一种间接竞争。规制者利用从几个地区性垄断企业获取的信息，观察具

① 也可称为“区域间竞争”。

有可比性的企业的成本状况，更精确地推断一个企业降低成本的努力程度，从而减小了信息的不对称性，使特定地区的企业在其他地区企业效率提升的刺激下，提高自身的生产效率和分配效率，从而为垄断性企业提供了降低成本的激励机制。

二、主要目标

通过改革，推进网运分离、竞争业务与自然垄断环节分开，打破各种形式的行政垄断，优化监管，实现公共资源配置市场化，增强垄断行业的活力和效率，增进社会福利，形成产业可持续发展机制。

毋庸置疑，实现有效竞争是中国垄断性行业改革的目标导向。如前所述，垄断性行业存在着"马歇尔冲突"，即规模经济与自由竞争的矛盾，其直观的表现就是自然垄断。在打破垄断、引入市场竞争机制后，"马歇尔冲突"重新浮出水面。如何在保持规模经济的前提下充分发挥竞争活力，成为垄断性行业面对的一项长期挑战。回顾中国垄断性行业改革的历程，可以发现，中国垄断性行业的改革实际上是将兼容规模经济与竞争活力的有效竞争作为目标导向，以此来制定改革政策，争取有效解决马歇尔冲突。

（一）总体目标

按照深化垄断行业改革的指导思想和思路，通过打破垄断、引入竞争、转变政府职能、推进政企分开、改革价格形成机制、完善普遍服务机制、加强立法、建立现代监管制度等举措，通过改革，使垄断性行业的发展活力、创新动力、运营效率、治理水平、竞争力明显增强，行业技术创新能力达到国际先进水平，涌现出一大批具有一流国际竞争力的国有大型企业，广大消费者享受高水平、多样化的优质产品和服务，为国民经济和社会健康持续发展提供强有力支撑。

（二）“十三五”改革目标

公平、开放的竞争格局形成，企业发展活力和创新动力明显增强，针对不同环节的价格形成机制确立，合理的普遍服务机制建立，现代监管制度建设得到完善，形成充满活力、运行高效、竞争有序、公平开放的管理体制和运营机制，广大消费者享受多样化、个性化的优质产品和服务，为国民经济和社会健康持续发展提供强有力支撑。

三、主要任务

新时期中国垄断性行业改革主要包括如下任务。

（一）加快产业重组

由于技术创新和需求方面的变化，许多垄断性行业不再具有自然垄断的特征，一个产业内能够容纳多家企业共同开展竞争，此时，引入竞争就成为可能。在那些仍然带有自然垄断特点的产业，成本弱增性要求由一家企业进行生产经营，但由于垄断经营产生了种种弊端，它造成的效率损失甚至超过了成本节约带来的好处，因此也应打破垄断，引入竞争机制。在此背景下，就必须以战略性重组打破垄断，培育有效竞争的市场结构，最终完成从垄断向竞争的转型，建立起新的产业运营模式。在垄断性行业改革中，产业重组能够发挥出重要的作用，是形成可操作的市场竞争的重要手段。

所谓产业重组，是指对产业的现有资产存量进行重新整合。产业重组可以通过横向重组和纵向重组两种基本方式来实现。

横向重组的本质是限制企业的经营规模，一般方式是根据经营区域，将垄断性企业分拆为几个地区性企业。采用横向重组方式有以下好处。

第一，可以通过地区性企业之间的竞争提高生产效率。这种竞争既可以是间接竞争，也可以是直接竞争。重组之后，原来的垄断性企业被分拆为几个相互竞争的地区性企业，在过渡阶段，这些企业只能在特定的区域内经营，不在同一个市场上进行面对面的竞争。在有效竞争形成之前，政府仍将保持对它们的经济性管制。由于这些企业具有相似的经营条件，因此，可以利用标尺竞争原理，促进企业之间的间接竞争，通过设计合适的管制政策，激励它们提高生产效率。伴随着竞争的发育，政府将逐渐取消对分拆后企业的经济性管制，允许这些企业向外扩张，各个企业之间将开始面对面的竞争，从而培育出有效竞争的市场结构，通过竞争推动产业的发展。

第二，分拆后的企业仍能保持一定的规模经济。在垄断性行业改革中，横向重组后形成的地区性企业仍然是纵向一体化企业，拥有地区性网络设施，具有有效的生产规模。

纵向重组的实质是限制企业的经营范围，一般是以业务为基础对纵向一体化企业进行分拆，如将纵向一体化电力企业的发电业务与输配电网络分开，将电信企业的固定市话、移动通信业务分开等。技术上的进步为纵向重组的顺利开展奠定了基础，使电力、电信等垄断性行业的纵向重组具备了可行性。

采用这一重组方式的好处主要是：它将具有自然垄断性质的网络基础设施与其他竞争性业务相分离，重组成不同的企业，能够在一定程度上消除拥有传输网络的企业歧视其他企业的能力和动机，实现传输网络对其他竞争性企业公平有效的接入，确保公平竞争的开展。同时，纵向重组还保持了业务的相对完整性，企业在重组后仍然具有规模经济。

在垄断性行业重组过程中，要特别注意处理好如下三方面关系：垄断与竞争的关系、规模与竞争的关系、重组与改革的关系。

（二）重新构建监管体制

在社会主义市场经济条件下，我们仍需保留一些管制和监管职能，如对传输网络环节的监管，对互联互通方面的监管等。经济性管制任务与社会性管制、反垄断管制任务一起，构成了监管机构的主要职责。由于中国长期在垄断性行业实行政企合一的体制，监管职能被分散在多个政府部门，造成协调难度大、监管成本高，使得监管效果大打折扣。因此，中国垄断性行业的改革不仅仅是放松经济性管制的问题，还涉及监管体制的重新构建。

重建监管体制的一个重要方面是依法建立统一、集中、透明和具有相对独立性的监管机构。在中国经济转型过程中，设立监管机构是为了把以前分属于不同政府部门的监管职能集中起来，简化程序，提高效率。在确立新体制的过程中需要明确并贯彻若干基本原则，如政企分开、鼓励竞争并尽可能地降低交易成本、公正性、相对独立性等。监管机构的设立，国际上大体上有两种类型，一是设在现有的政府机构之内，实际上作为政府机构的一个组成部分，其好处是便于贯彻政府意图，行政效率可能较高，弊端是与政府难以拉开必要距离，可能导致政监不分；二是在立法授权下设立政府之外的专门监管机构，其好处是独立性相对较强，有助于政企分开，公正行事，但这种架构对外部配套条件要求较高，监管机构本身的运行费用也可能较高。设立新的监管机构的难点，是在借鉴国际经验的基础上，既考虑现有条件的约束，较多利用现有资源，同时又要有足够的前瞻性。

调整监管机构的职能也是重建监管体制的一个重要方面。监管机构肩负着推进垄断性行业改革进程、维护市场公平竞争的重任，它的任务应是促进而不是抑制市场竞争，是维护社会公共利益，而不是维护行业的利益。在发展过程中，监管机构应逐渐将社会性管制任务作为运作的中心，削减自身的经济性管制职能，创新管制方法，在垄断性行业内积极培育有效竞争。

（三）加大外部投资者的引入

中国尚处在工业化中期阶段，电信、电力、铁路、民航、石油天然气、市政公用事业等垄断性行业具有巨大的发展空间，其中一些行业具有较高的投资回报率。在改革之前，尽管这些产业亟须发展资金，但受体制的制约，社会资本无法进入这些行业。垄断性行业的改革与重组为引入外部投资者提供了前提条件。例如，1985 年，中国政府放松了发电领域的市场进入管制，改革了上网电价制度，吸引社会资金投资兴办发电厂。这极大地激发了地方政府和外资的投资积极性，促进了电力工业的快速发展，在发电市场上逐步形成了多元投资主体的市场结构。

引入外部投资者进入垄断性国有企业，不仅能为行业发展提供增量资金和其他资源，还能促进垄断性行业内国有企业的改制，完善这些企业的法人治理结构，增强发展的后劲与活力。引入外部投资者有多种方式，一种方式是社会资本直接创办新企业，新企业与老企业开展市场竞争，共同增加市场供应，推动行业的发展；第二种方式是新投资者以参股乃至控股、并购的方式进入老企业，改造老企业，推动老企业的转制；还有一种方式是发展混合所有制形式，将国有独资公司改造成股份有限公司（在自然垄断环节保持国有绝对控股或相对控股的地位），有条件的企业通过在国内外资本市场上发行上市的方式实现整体上市或部分优质资产上市，改变产权结构单一的状况。

（四）完善市场机制形成的价格体系

总体来说，价格改革是垄断行业改革的核心内容和基础性环节。抑制垄断行业产品价格的上涨，提高社会福利，处理好各行业及同行业各环节的比价关系和利益分配，本就是垄断性行业改革的初衷之一，价格改革也是仍衡量改革成功与否最直接的标志。价格改革的顺利推进，又有利于诸如推进行业的市场化进程，加快竞争环节与自然垄断环节的分开，促进企业重组和建立现代企业制度的进程等改革。因此价格改革在整个垄断行业改革中具有极其重要的作用。但改革的历程也表明，价格改革是垄断行业改革的难点所在。到目前为止，没有哪个垄断行业的价格改革能称其为成功。价格改革也是社会对垄断性行业改革抱怨最多的方面，如电信、铁路、电力、石油天然气、市政公用事业等行业的产品价格居高不下，就一定程度表明这些行业的改革并没有完全达到初衷。不仅如此，各行业价格改革的滞后，已成为进一步推进改革的重大障碍。因为只有在建立科学合理的价格体系，形成合理的价格比价关系和利益分配机制的基础上，打破垄断、引入市场竞争、国有企业的市场化运营、吸引包括外资在内的多种社会资本进入的投融资等改革才能顺利推进。

（五）设计普遍服务新的提供机制

在垄断性行业内引入市场竞争机制后，如果企业采取“挑肥拣瘦”战略，不承担普遍服务义务，那么，社会的整体利益就无法得到保障。特别是在原有的企业承担普遍服务义务，而新进入企业不承担的情况下，就出现了事实上的不公平竞争。针对上述问题，需要逐步完善普遍服务的提供机制，力求规范市场竞争秩序，形成可操作的公平的市场竞争。不同国家、不同产业对普遍服务的定义各不相同，但从总体上看，普遍服务呈现出了一些共同的特征。根据这些共同特征，我们可把普遍服务定义为：普遍服务是向所有用户提供的有质量保证的、价格可以承受的基本服务。它广泛存在于电信、电力、邮政、铁路运输、市政公用等垄断性行业。邮政专营范围内的很多业务就属于普遍服务业务，特别是在西部边远地区，邮政业务开展越多亏损越大，这是造成邮政亏损的重要原因。

在市场经济条件下，普遍服务提供者具有双重角色，它既是市场竞争主体，又是公共服务的承担者。一般情况下，提供普遍服务要发生亏损。因此，有必要对普遍服务提供者因承担法定义务而发生的亏损进行补偿。

1. 普遍服务基金是一种重要的补偿机制

在普遍服务基金补偿方式下，各企业都要按照规定的程序缴纳普遍服务基金，它们承担的普遍服务任务也都能得到货币补偿。普遍服务基金补偿方式满足了竞争中性的要求，为各企业提供了公平的竞争环境，是一种较为有效的普遍服务补偿方式。不过，这一补偿方式仍有一些弱点。首先，普遍服务基金实际上是将企业内部的"暗补"变为同一产业内各企业之间的"明补"，尽管形式上更为透明，但它在本质上仍然是一种交叉补贴，只不过是将交叉补贴的范围从企业内部延伸到了整个产业。因此，普遍服务基金方式也会在一定程度上扭曲产品或服务的相对价格，造成一定的社会福利损失。其次，在确定普遍服务基金征收基数、确定企业普遍服务提供额等方面，政府掌握的信息是不充分的，这会影响普遍服务基金的执行效果。再次，普遍服务基金的征收、分配、日常管理等环节都会产生一定的交易成本。相对于普遍服务基金补偿方式，政府对普遍服务项目直接给予财政补贴不会扭曲产品或服务的相对价格，因此效果更好。不过，这一补偿方式对国家财政构成了一定的压力。在今后的改革过程中，应设计普遍服务新的提供机制，对承担普遍服务的企业进行有效补偿。

2. 政府直接给予财政补贴

相对于普遍服务基金补偿方式，政府对普遍服务项目直接给予财政补贴不会扭曲产品或服务的相对价格，因此效果更好。不过，这一补偿方式对国家财政构成了一定的压力。

3. 通过特许权竞争提供普遍服务

目前，在确定普遍服务补偿额方面，各垄断性行业一般都是按照实际成本进行弥补。这种方式的好处是能够使企业得到全额补偿，不会造成企业的亏损，但它的缺点是无法给企业以降低成本的激励。在此背景下，特许权竞争方式引起了大家的关注。

为提供普遍服务而进行的特许权竞争不但允许争夺特许经营权地位的竞争（市场的竞争），还允许以后在市场上展开竞争（市场内的竞争），也就是说，可以同时选出几个特许经营者（COLR），然后让这些特许经营者为争夺市场份额而展开竞争[①]。在引入市场内的竞争后，特许经营者不再具有市场垄断地位。市场竞争将带来降低价格的余地和可能，促使经营者积极降低生产成本，更有效地提供普遍服务。但由于市场价格随着技术进步将自动向下调整，缩小了特许经营者的利润空间，使得特许经营者需要的补贴额也可能会增加。因此，引入市场内竞争带来的影响是两方面的。目前，在提供普遍服务方面，特许权竞争只是可资使用的一种选择。如何有效地运用这一机制，还需要继续进行探索。

（六）推进国有企业改革

同其他领域的国有企业一样，垄断性行业内的国有企业需要解决政企不分、高负债、冗员过多、社会保障不足、企业办社会等诸多改革难题。垄断性行业内国有企业的改革还需要解决一些特

---

① ［法］让·雅克·拉丰、让·泰勒尔：《电信竞争》，胡汉辉等译，人民邮电出版社 2001 年版，第 229 页。

殊的问题，改革的难度比其他行业更大。例如，这些行业政企不分的程度可能是最高的，不少行业的领导机关就是政府机构，如电力部、邮电部、铁道部等。改革不仅要把政府与企业分开，而且要直接对政府机构进行调整。与其他领域“企业先改，政府后改”的方式不同，这些行业是“企业、政府同步改”，面临的矛盾更多。又如，垄断性行业多数有较高且稳定的收益，这是分流冗员、分离企业办社会部分、补充社会保障基金的有利条件，但另一方面，被分离的人员和机构对当期补偿和未来的收益增长有较高预期，协调难度增大。

垄断性行业内国有企业的改革具有一个重要特殊性，就是这些行业大都属于“关键领域”，企业可以引入非国有资本实现产权多元化，但往往要求国有资本控股。在这种背景下，建立何种国有资本管理体制和机制，国有资本与非国有资本如何合作就成为一项重要的工作。在产业重组后，企业进行内部资源整合、转换经营机制、建立有效的公司治理结构、培育良好的企业文化的任务也非常紧迫。20 世纪 90 年代以来，中国垄断性行业内的国有企业按照现代企业制度的要求，规范公司股东会、董事会、监事会和经营管理者的权责，建立和完善党管干部与市场选择相结合的企业经理人选聘、任用和考核制度，不断提高运营效率。

第五章

深化垄断性行业改革的政策建议

根据垄断性行业改革的总体思路，结合各个垄断性行业的具体情况和当前亟须解决的重点问题，课题组分行业、有针对性地提出了推进和深化中国垄断性行业改革的具体政策建议。

一、深化电信行业改革的建议

适应新时期各项改革发展任务的需要，党的十八届三中全会《中共中央关于全面深化改革若干重大问题的决定》提出了“准确界定不同国有企业功能。国有资本继续控股经营的自然垄断行业，实行以政企分开、政资分开、特许经营、政府监管为主要内容的改革，根据不同行业特点实行网运分开、放开竞争性业务，推进公共资源配置市场化，进一步破除各种形式的行政垄断”的战略部署。

按照党的十八届三中全会决定的具体要求，中国电信业的新一轮改革已然开始提升日程，以促进市场化为基本导向，引入竞争机制，充分发挥市场机制在电信业资源配置过程中的重要作用，提高电信业的服务能力和服务质量，大力推动电信业改革的整体性突破和跨越式发展。

立足于中国电信业发展的现状，理顺电信业改革的基本思路，深化电信体制改革，需要持续推进六个“结合”的改革进程，即法制建设与市场机制相结合、独立监管和专职履责相结合、行业准入和业务整合相结合、三网融合和双向开放相结合、互联互通和合理竞争相结合、行业监管和社会监督相结合，进而不断将电信业改革进程推进深入。

（一）法制建设与市场机制相结合

当前，中国在电信业方面还没有一部完善的部门法律，目前规范电信市场的法律主要有《反垄断法》和《反不正当竞争法》两部法律及相关的司法解释，而有关电信业规制的法规文件也仅存在着《中华人民共和国电信条例》。随着现代电信业的快速发展，相关的法律制度已然无法适合中国电信业发展的现实需要，尽快出台专门针对电信产业的部门法律——《电信法》以及相关法律文件，已经成为中国电信产业改革发展的当务之急。

结合世界各国电信产业规制的经验，许多国家通过立法形式管制和破除垄断，引入市场机制，才使得电信业在现代科技的引领下飞速发展，并带动相关产业（如电子制造业、信息服务业、电信增值产业、互联网产业）的快速成长。就中国的情况而言，在充分考虑自然垄断产业基本特性的基础上，也可以以立法的形式明确市场机制在电信业持续过程中的重要作用。《电信法》的制定应该在归纳中国近20年来电信业改革和发展经验的基础上，进一步转换电信市场的竞争理念，将打破垄断、引入竞争作为其立法宗旨。只有明确市场机制的调节作用，才能使电信市场的运行更有效率、发展更有活力、在国际市场上更有竞争力，使电信产业为国民经济发展和社会信息化作出巨大贡献，促进中国从世界电信大国向世界电信强国的目标转变。

中国《电信法》的立法工作，应该开宗明义地提出制定法律目的就是为促进电信市场健康发展，打破电信垄断状态，引入市场调节机制。主要内容应包括：确定电信改革的目标及程序；设立相对于电信企业独立的执法机构，明确其责权；规定电信企业经营许可证的具体内容，明确企业的责权关系；对价格、服务质量、新企业进入的条件、竞争企业间的关系等重要政策问题作出规定等。此外，还应该在相关的法律条文中专门规定出“打破垄断、引入市场机制”的举措，如建立独立的统一监管机构、开放电信市场准入、促进电信网络与计算机网络、有线电视网络的三网融合、施行双向可携号转网的制度等。

（二）独立监管和专职履责相结合

作为中国电信业改革发展的重要组成部分，成立专职履行监管职责的独立监管机构是当务之急。美、英等国家都已经建立起完整的独立电信监管机构，如美国的联邦通信委员会（FCC）和英国的电信管理局（OFCOM），都具有独立的法律和行政地位。中国目前电信行业的监管秩序混乱，电信领域缺乏有力的监管机制，电信市场中没有形成充分有效的竞争。因此，中国电信行业迫切需要成立一个独立的电信监管机构。

首先，中国目前以工业和信息化部为主，国资委、发展改革委、工商总局、商务部等机关在其职权的范围内参与电信监管的方式，已经不能适应中国电信市场的现状和未来发展的需要，我们应该借鉴英美国家的经验，设置既独立于企业又独立于政府的电信监管机构，以保障电信监管工作的独立、高效运行。在电信监管机构的设置上，可以参照银监会、证监会、保监会等行业监管机构模式，对电信监管机构的级别、组织设置、执法程序和效力进行合理的设计。这样不仅可以提高电信监管机构的权威性，还可以提高电信监管机构的独立性，防止其他行政部门对其进行不合理的干预，达到公平、公正、有效的监管目的。

其次，建立独立的监管机构有利于规范电信业的不正当竞争及垄断行为。根据世界先进国家的电信管理经验来看，成立一个独立的监督管理机构，如美国的 FCC、英国的 OFCOM，有利于在电信业监管过程中规范和抑制电信企业的垄断行为。独立监管机构可以禁止主导运营企业采取不正当竞争行为，包括实行内部交叉补贴，抬高互连成本，利用互联谈判获取不对称信息并采取对策进行反竞争等。

再次，建立独立的监管机构也是电信业固有特点的内在要求。对电信业这个普遍服务行业来说，成立监管机构，除履行监管国内电信市场的职责外，还应从整体上对行业的正常履行、行业发展起到引领与指导作用。包括对进入电信业的企业标准进行核定、对电信市场的价格进行核准、调解电信市场各个运营商之间的分歧与矛盾、规范电信行业的不正当竞争等。此外，作为行业统一监管组织，该机构还应对现有市场进行分析评估，制定统一的行业和技术标准，制定创新引领政策等。

最后，建立独立的监管机构也是关系中国信息安全的重要保障。随着电信产业的迅猛发展，在借助于先进的通讯手段获取到信息的同时，也会面临着越来越多的技术风险。如个人信息的不断被窃取、网络安全的不断被破坏、非法信息的不断被传播等，已经严重影响到电信行业使用者的正常生活、企业的正常生产与竞争、国家安全网络的正常运行，甚至是国家安全以及军事秘密安全。因此，建立统一的、独立的监管机构，有利于及时发现威胁安全的信息传递，有利于各部门之间工作的协调与配合，从而实现对电信信息安全的有效保障。

（三）行业准入和业务整合相结合

电信市场的准入制度是打破电信垄断经营和引入竞争机制的前提和基础。伴随着电信业自然垄断性质的改变，现代通信技术的发达为多家运营商加入到市场竞争行为中提供了坚实的技术基础。同时，伴随着中国电信业的深化改革，允许新兴电信运营商进入市场并参与竞争已是大势所趋。

首先，完善的行业准入制度有利于电信企业的服务业务整合和创新。中国在《电信条例》第七条中明确规定“国家对电信业务经营按照电信业务分类，实行许可制度”。但根据第九条的规定，中国对基础电信业务和增值电信业务许可证的颁发均采取审核批准制。在国外已将增值电信业务，甚至基础电信业务改为核准登记制时，中国的核准制既阻碍了国内电信业的发展，同时也难以适应国际电信竞争。借鉴发达国家的做法，中国电信业应该明确界定基础电信业务和增值电信业务的范围，放开增值电信业务市场的准入制度，让更多的竞争者加入到增值电信业的竞争中，以达到节约资源、提高技术、规范管理的目的。同时，在基础电信业务领域，在保证国家信息安全和产业正常发展的前提下，适当引入外部竞争者，通过市场竞争行为来提高国有垄断电信企业的经营与管理水平，促进电信产业的健康发展。

其次，放开电信市场准入制度有利于电信业务资源的合理分配与运用。中国《电信条例》在第二十九条第二款中规定：“分配电信资源，可以采取指配的方式，也可以采用拍卖的方式。”但是在市场准入采取审批核准制的前提下，以拍卖的方式进行资源分配将和指配方式一样，都将会被赋予垄断企业。同时，由于垄断经营者对稀缺资源的获取相对容易，便不会积极采取主动措施来提高技术以增强资源利用，反而可能凭借垄断地位获取更多的资源。对于电信业来讲频谱、号码均是稀缺资源，甚至对于电信运营者来讲，政府对电信经营许可证数量的限制也是稀缺资源。世界主要国家的政府对待电信准入与资源稀缺之间的矛盾时，一般采取的是电信业准入制度，引入竞争机制，进而促进资源的合理分配。中国电信业改革也需要放开电信市场准入制度，通过这种方式来调动电信经营者充分利用资源的主动性和积极性，实现电信技术和业务的创新，激励电信经营者更为有效地整合和利用稀缺电信资源。

（四）三网融合与双向开放相结合

中国在“十五”规划纲要中就明确提出“促进电信、广播电视、计算机三网融合”的政策要求。在《“十二五”国家战略性新兴产业发展规划》更是提出“建立健全推进三网融合的政策和机制，深化电信体制改革，推进有线电视网络整合和运营机构转企改制，按照分业管理的原则探索建立适应三网融合要求的电信、广电监管体制和协调高效的运行机制，完善相关法规标准，推动三网融合高效有序开展”。伴随着中国电信网、广播电视传输网和计算机网的不断发展壮大，实现“三网融合”的技术基础已经完全具备。当前，以促进电信业改革为目标，“三网融合”将电信、电视、计算机三大网络进行融合并同时向社会提供综合的多媒体信息服务，可以为电信产业的改革发展提供新的机遇和条件。

中国电信业运营的实践已经表明，电信网和互联网、互联网和广播电视网在技术、网络、业务和市场方面的融合已经成为现实，由于受管理体制的限制和束缚，电信网和广播电视网还没有实现连接，在这一意义上说，“三网融合”的大趋势下仍然存在“两网分割”的问题。因此，促进“三网融合”的主要着力点是如何实现电信网和广播电视传输网的“双向开放”。

首先，在政策法律框架方面，“三网融合”的顺利推进必须要有与之相适应的法律制度来保障。因此，中国应加快《电信法》的出台步伐，根据“三网融合”的规划和目标，着手制定促进“三网融合”的整体性技术标准、规范。具体来说，以《电信法》为总纲，在《电信法》的框架体系内，用行政规章或行业标准的形式制定包括明晰的“三网融合”整体技术标准纲要，基础电信业务、互联网业务牌照的发放条件和流程，“三网融合”市场公平竞争规则，网络安全政策，营运的配套政策和规章制度设计等，保障“三网融合”的实施与正常运行。

其次，在电信行业内加快建立适应“三网融合”需要的“3 + 1”的组织架构，调控和管理“三网融合”过程中的政策风险。“3 +1”的组织架构，即中国移动、中国联通、中国电信 3 家电信运营商和 1 家有线电视运营商。顺应行业发展潮流，适时批准广播电视运营商进入电信服务市场，同时也批准电信公司进入广播电视节目服务市场，从而实现电信市场与广播电视服务市场的对称、双向开放，促进中国电信服务市场和广播电视市场的有效竞争和共同繁荣，向广大客户提供更为质优价廉的服务。但“三网融合”的实施绝不是简单地开放电信服务和广播电视市场，还需要继续坚持和保护电信改革重组的成果和现有行业的合理准入规定；充分发挥竞争机制的积极作用，即在保留电信网、广电网和计算机网独立存在的前提下，鼓励三者在业务上相互渗透、有效竞争。

再次，在“三网融合”的监管方面，加强独立的监管机构对“三网融合”的促进作用。借鉴发达国家的经验，设立超越部门利益的、具有相对独立性的管制机构，如电信监管委员会。新的电信管制机构具有相对的独立性，不存在偏向某个部门利益的色彩和倾向性。“三网融合”可以由电信监管委员会来实施统一的监管和控制，逐步突破电信网、广播电视网、计算机网分属不同管制机构所带来的体制性障碍，在“三网融合”的大背景下最终实现电信网和广播电视网的“双向开放”。

（五）互联互通与合理竞争相结合

在电信业的各种不正当竞争行为中，最为明显的是互联互通问题。互联互通是指建立电信网间的有效通信连接，以使一个电信业务经营者的用户能够与另一个电信业务经营者的用户相互通信或者能够使用另一个电信业务经营者的各种电信业务。实现互联互通，形成电信产业的合理竞争格局，也是电信产业改革的重要组成部分。电信业互联互通领域的改革，在已有的改革发展成果的基础上，必须持续强化在以下各环节的改革力度。

首先，互联互通要求实施无差别对待原则，构建合理竞争格局的基础。互联互通中的电信运营商之间的权利和义务必须是对称的。权利和义务对称要求互联互通必须建立在尊重双方利益和市场平等的基础上，给予合作运营商互联互通的权利和机会，要求其必须履行相应的义务，而这些义务必须是建立在经济利益均衡的基础上，也就是在利益上必须给予相关方充分补偿。实施无差别对待原则，在对不同运营者提供网络互联时，从收费技术条件和服务质量等方面都应该是相同的，当一家运营者对某种服务既提供给互连者又提供给自己的最终用户时，该运营者提供互联互通的各种条件不应低于给自己用户提供服务的条件，由此才能形成电信产业合理竞争的基础。

其次，创新互联互通的费用结算模式，形成兼顾激励功能与约束功能的费用补偿机制。在实现网际互联互通的条件下，过去的以资费分成为核心的结算模式缺乏补偿运营商互联互通成本的科学依据。在市场主体利益被强化的情况下，并不能很好地平衡运营商之间的利益关系，应进行适时调整。创新互联互通的费用结算模式，就是要建立一种基于成本的费用补偿机制。中国网际互联互通费用结算标准的制定要以成本测算为基础，针对互联互通的不同阶段，采取以全部成本或长期增量成本计算互连费用的方法。在竞争引入初期，可以采取基于长期增量成本（即完成互联互通业务需要增加的实际物理成本支出）的定价方式（美国、西班牙、奥地利以及瑞士等采用的方式）。但这种定价方式实际上是不对称规制的产物，由于增量成本在电信行业整体运营成本中的比重较小，增量成本定价方式不能弥补运营商的固定成本投入，无法对被接入运营商的有效固定投资形成激励和对接入运营商进行约束。因此，在市场竞争格局下，应采取全面分摊成本的定价方式（韩国、法国以及挪威等国家采用的方式），即互联互通费用应足以弥补为此支付的所有成本，以确保价格规制对运营商的有效固定投资形成激励。

再次，实施普遍服务原则，创新普通服务合作机制。互联互通是基于普遍服务原则的政策选择。从普遍服务原则看，其内涵在于保证“任何人在任何地方都能以承担得起的价格享受电信业务，而且业务质量和资费一视同仁”，这实际上也是电信业发展的主要目的。国家选择以互联互通的方式来促进电信产业发展，主要是为提供电信普遍服务，使每个网络用户都能享受到普遍服务和电信网的最大便利。以形成互联互通后的合理竞争格局为改革目标，新进入市场的运营商必须同样承担起普遍服务的责任和义务，包括由此产生的费用，这就要求运营商应该具有足够的实力，能够享受经营获利的同时也能够承担高度的投资风险。主导运营商则应承担起提供互联互通的义务，保证其他运营商得以进入市场，体现合理竞争的改革精神。此外，中国应在借鉴国外经验的基础上，制定中国的电信普遍服务成本补偿机制，并确定以普遍服务基金方式对国内电信企业实施的普遍服务进行补偿，促进电信产业公平有效的竞争，提高中国的整体普遍服务水平。

（六）行业监管与社会监督相结合

电信业监管是政府监管职能的重要组成部分，具有一定的独立性和高度的权威性。以维护电信市场公平、有序、有效的竞争和实现电信资源的合理配置为目标，不断满足广大电信用户的需要，还需要将行业监管和社会监督相结合，不断完善社会参与和监督机制，形成管制机构公平、公正、公开地制定与执行管制政策的基础和制度保障。

首先，将行业监管与社会监督相结合，需要多渠道地让社会公众充分了解有关电信管制信息。社会公众充分了解电信管制信息是他们参与和监督电信管制活动的前提条件。因此，电信管制机构应通过因特网、报纸、杂志、广播、电视等信息传递载体，及时、高效地将有关电信管制信息传递给社会公众，保障广大社会公众的信息知情权。

其次，确立社会公众参与制定有关电信业管制法规的法定程序。管制法规的制定程序不仅是社会公众参与的制度保证，也是社会公众对制定管制法规过程实行监督的重要依据。其主要目的是让社会公众参与在确定具体法规的立法目标、形成法规框架、拟定法规草案、修改定稿等主要环节，进而保障广大社会公众的参与权。

再次，对事关社会公众利益的重要管制措施举行听证会。中国当前已对电信管制价格措施举行价格听证会，并取得了一定的成效。除此之外，在重要管制政策的制定与调整、电信企业间重要争端的仲裁等方面也可举行听证会，确保广大社会公众行使话语权。

复次，建立对电信管制机构的司法监督制度。司法监督具有强制性、权威性，电信管制机构在司法纠纷裁决方面，除重新申诉之外，必须服从司法机构的判决结果。同时，司法监督具有严密性、程序性，司法机构对电信纠纷案件的审判，都会按照严格的法律程序进行深入细致的调查、取证和审理，并以法律为依据作出判决。这些都决定了司法监督对电信监管具有不可取代的作用。

最后，建立对电信管制机构的绩效评估制度。绩效评估制度有利于促使电信管制机构按照公共利益目标，高效率地履行其管制职责。在建立对电信管制机构的绩效评估制度时，需要明确全国人大或国务院履行绩效评估主体的职责，发挥绩效评估制度对电信业监管的规范作用。

二、深化电力体制改革的政策建议

围绕国民经济社会发展和国家能源战略，顺应电力行业发展趋势，加强顶层设计，以安全、高效、清洁、可持续发展为目标，以市场化改革为方向，以“管住中间、放开两头”为架构，不失时机地把滞后的电力体制改革向前推进。在发电市场和售电市场引入竞争，对输配电网络环节实施有效监管；基本建立电力市场交易机制，形成合理的电价机制，解决现行体制中价格信号失真、上下游产业传导阻塞的问题；市场优化配置资源的作用明显增强，提高政府监管和统筹规划能力，使电力行业发展能够保障国民经济发展的需要，为全面建设小康社会作出应有的贡献。

重点包括以下四个方面。一是形成多买方、多卖方有竞争的市场结构，发展双边合同市场。二是建立实时竞争的发电市场，开展“竞价上网”。三是推进电价形成机制改革。上网电价由市场定价，上网电价由发电市场竞争或发电企业与大用户双边合同确定；输配电价实行政府管制，形成直接反映电网企业成本和效率的独立的输配电价，并尽快建立能够反映电网企业真实成本的成本规则；居民和中小工商业销售电价引入峰谷电价和实时电价，以引导与合理化电力用户的用电行为。四是积极稳步推进输配分开。

具体措施如下。

（一）加快构建市场竞争机制

深入推进“管住中间、放开两头”的市场竞争机制改革。在发电侧引入“竞价上网”，在售电侧推进大用户直购电，有序向社会资本放开售电业务，培育市场竞争机制。

进一步完善“竞价上网”相关制度设计。上网、销售电价逐步由政府统一定价转向市场定价和政府定价并存，即部分电量由市场交易定价，市场的参与者是大用户和具有一定条件的火力发电机组；部分交易仍按现有的定价方式来运营，这包括水电、核电、风电等可再生能源以及中小用户和居民用户。电力市场发育成熟后，电价将主要由市场供求关系决定。

积极推进大用户直购电试点，使大用户有用电选择权。大用户直购电平稳起步后，可逐步降低大用户的进入门槛，在售电侧引入包括电力经纪人在内更多的市场参与者，扩大市场交易在整个电力供应中的比重。在市场交易的方式中，除了大用户直购电形成的双边中长期合同交易外，还要建立电力现货撮合交易市场，从而形成以中长期双边合同为主体、以现货撮合交易为调剂的多边电力市场，在发电、售电两端形成有效、适度竞争的局面。

有序向社会资本放开售电业务。鼓励社会资本投资成立售电主体，允许其从发电企业购买电量向用户销售。允许拥有分布式电源的用户或微网系统参与电力交易。鼓励供水、供气、供热等公共服务行业和节能服务公司从事售电业务；允许符合条件的发电企业投资和组建售电主体进入售电市场，从事售电业务。

（二）深化电力价格形成机制改革

建立独立和合理的输配电价机制，实施销售电价和上网电价联动，逐步建立起发电、售电价格由市场竞争形成，输电、配电价格实行政府监管的价格形成机制。

积极推动输配电价改革，由目前的购销差价向独立的输配电价格过渡，根据电网企业的输配电成本确定输配电价的形成，从而建立价格与成本的联动机制。在输配电价改革的初期，可先采取过渡性的政策，运用成本加收益的监管方式，按合理补偿成本费用、合理确定收益、依法计入税金的原则制订输配电价。条件成熟后，电力监管部门可采用激励作用更强的价格上限监管方式，给电网企业以降低成本的压力。输配电价的确定应保证电网企业具有长期的投资能力和投资积极性。

加快电网企业“三产”、多经剥离工作，尽快实现电网的主辅分离，划清供电企业与关联企业的业务界限，取消交叉补贴，明晰输配电成本。在此基础上，准确测算现行销售电价中实际包含的输配电成本费用、供电损耗和税金、利润标准，研究提出各电网经营企业输配电价格的合理水平，核定分电压等级的输配电价。

建立销售电价和上网电价联动机制，真正反映成本和供求关系，取消不同种类电价之间的交叉补贴。综合考虑销售电价与其他能源的比价关系。完善居民用电的阶梯电价制度，在居民用电中建立实时电价。

（三）开展输配分开研究和试点工作

输配分开是一些发达国家加强电力行业监管、推进市场化改革的重要举措。建议结合中国实际情况，对输配分开改革问题应先深入研究，准确分析利弊，只有在中国电力工业发展和市场条件等方面时机相对成熟时才能稳步推进，在具体操作上也应稳妥、慎重。建议先在中国东部、中部、西部地区选择部分城市开展输配分开改革试点。试点工作应分步展开，建议先从财务分开开始进行输配电分开试点，即输电和配电在财务上分开核算，模拟法人运作。然后，对财务分开试点进行总结和评估，在此基础上再决定输配分开的下一步改革方向。

（四）培育合格市场主体

消除非国有企业准入壁垒，鼓励民营资本进入到发电领域，加快形成有利于多种所有制形式公平竞争的环境。深化国有电力企业改革，具备条件的国有大型电力企业可整体上市，积极探讨混合型所有制在国有特大型电力企业的实现形式。对国有大型发电公司应积极进行股权改革，引入民营、外资等战略投资者，必要时国家进行资本金注入，降低国有发电公司的资产负债率，有效控制企业的经营风险，为电力企业更好地发展提供有力保障。

划清供电企业与关联企业的业务界限，实现电网主辅分离，杜绝主业超范围经营活动及主业与关联企业间的不正当交易，维护公开、公平、公正的供电市场秩序。

在电网公司内部要将调度、交易两个功能不同的机构分设，组建和规范运行电力交易机构，将原来由电网企业承担的交易业务与其他业务分开，实现交易机构相对独立运行，建立公开透明、开放有序、服务优质、利于监管的市场交易平台。强化政府部门对电力交易机构的规范监管。

（五）积极促进分布式电源发展

积极发展分布式电源。把握新一轮技术革命孕育兴起的趋势，积极发展融合先进储能技术、信息技术的微电网和智能电网技术，提高系统消纳能力和能源利用效率。加强技术、标准和制度建设，完善并网运行服务。

全面放开用户侧分布式电源市场。放开用户侧分布式电源建设，支持企业、机构、社区和家庭根据各自条件，因地制宜投资建设太阳能、风能、生物质能发电以及燃气“热电冷”联产等各类分布式电源，准许接入各电压等级的配电网络和终端用电系统。鼓励专业化能源服务公司与用户合作或以“合同能源管理”模式建设分布式电源。

（六）加快建立现代电力监管制度

应适应电力行业发展的新特点和新趋势，加快政府管理体制改革，建立起职能完善、有效监督与制衡的现代电力监管体制。

一是尽快解决电力管制机构职能不到位的问题。加强监管的前提是监管机构具有监管能力。赋予电力监管委员会价格管制权和准入管制权，并赋予其对市场垄断行为的甄别权和产业重组的建议权。理顺能源主管部门与电力监管部门之间的关系，前者应履行规划、政策的制定职能，后者对电力工业实行专业性监管。

二是管理的重点从电力供应侧转向电力需求侧。改变以往偏重于电力生产等能源供应侧管理的局面，重视并加强能源节约、能源效率、能源技术等需求侧的管理工作，制订相应的配套政策和规章制度。在前置审批环节，管理重点是着眼于外部性的准入管理和环保、能效等准入标准，强调政策的导向性、公开性和透明性。加大峰谷分时电价执行力度，积极推行季节电价制度，严格执行差别电价制度。

三是改善政府监管重点。政府管理的重点由以往的经济性管制为主、社会性管制为辅的旧监管模式，转向以社会性管制为主、经济性管制为辅的新监管模式。在市场准入、价格审批等方面放松经济规制，与此同时，加强社会性管制，建立并完善针对资源利用效率、环境保护、安全等方面的社会性管制制度。

（七）加强对电力体制改革的领导工作

电力体制改革要做到“立法先行、依法改革、依法管理”。应抓紧制定、实施新的《电力法》以及相关的法律、法规，通过法律的形式明确电力体制改革的方向，规范、约束各市场主体及政府有关机构的行为，协调改革后出现的新矛盾。另外，为加强对电力体制改革的领导，建议恢复电力体制改革领导小组的工作。

三、深化铁路体制改革的政策建议

按照社会主义市场经济体制的要求，从铁路服务于国民经济和社会发展全局出发，坚持市场化改革方向，合理划分政府和企业责任，“客货分开”“网运分开”“竞争性业务和非竞争性业务分开”“建设和运营分开”，全面引入竞争，实施行业和企业重组，构建起统一开放、公平公正、竞争有序的铁路运输市场。

（一）铁路行业重组

铁路行业重组的关键是处理好铁路网络性、竞争性、公司化的关系，形成适应中国运输市场结构变化、能够引入竞争、走专业化的要求。铁路行业重组分为两个层面，一个层面是对整个铁路行业的重组，即明确铁路行业的产业组织结构。另一个层面是在铁路行业重组后，要对微观经济主体——新构建的铁路运输企业实施现代公司制改造。由于铁路行业重组具有长期性、复杂性和艰巨性的特点，为确保平稳顺利推进，需制定缜密的改革方案，分阶段实施，系统考虑并妥善处理改革中可能出现的问题。改革时序和策略上按照“先易后难”“先货后客”“先内后外”（即先在铁路行业内部战略性重组，然后再全面放开铁路市场）的顺序。

第一步，加快铁路货运改革。将中国铁路总公司的货运功能进行分离，新成立中国铁路货运公司，下设中国铁路大宗物资运输公司、中国铁路快运公司、中国铁路特种货运输公司、中国铁路集装箱多式联运公司等。中国铁路货运公司是铁路货物运营企业，自身不拥有铁路网资源。

第二步，稳妥推进铁路客运改革。中国铁路总公司的高速铁路功能进行分离，成立中国高速铁路客运公司，中国高速铁路客运公司可以下设中国南方高速铁路公司和中国北方高速铁路公司。中国铁路总公司的普通客运功能成立中国普通铁路客运公司。中国高速铁路公司和中国普通铁路客运公司均是客运运营企业，自身不拥有铁路网资源。

第三步，中国铁路总公司的路网资源组建为中国铁路网公司，负责铁路网及其相关基础设施的建设、运营和维护，撤销中国铁路总公司。新成立中国铁路资产管理公司，负责铁路建设资金的筹集。

在完成上述重组后，再进一步把各类公司建立成为具有现代企业制度、符合现代运输发展规律、高效、富有活力的现代铁路企业。实践证明，只有真正确立铁路企业的市场经济主体地位，才能激发铁路企业面向市场需求经营的主动性和创造性。按照“突出主业、精干辅业，提高运营效率，减少管理层级、提高管理效率”等原则，进行企业内部业务重组、流程再造和组织变革，推动其专业化、现代化经营。

（二）开放铁路运输市场

改革前置性审批制度，清理铁路领域在市场准入操作层面实际存在的或明或暗、或直接或间接的障碍。加快制定和完善铁路准入的配套政策，加紧制定和优化市场统一准入标准，鼓励有条件、具备资质的民营企业进入基础设施建设领域，给予其足够的市场机会。无歧视地向有能力提供铁路运输服务的国内企业开放铁路路网。推进行业准入政策与管理的公开化、公平化、程序化、规范化。

（三）建立市场化的运价机制

价格是经济主体在市场运行中调节供求关系、合理配置资源、获取正常经济收益、参与竞争的重要机制。市场主体的多元化、运输需求多元化以及不同运输方式之间的竞争激烈等，使得建立以市场定价为主、国家宏观调控为辅的铁路运价形成机制成为必然。铁路企业依据运输市场的需求自主定价，以适应不同的市场需求。铁路客运运价方面，采取上限运价制，在价格上限前提下，铁路客运企业根据供需进行调整。铁路货运运价，除大宗物资和战略物资由国家统一定价外，其他各类物资运价完全放开。

（四）建立多元化铁路投融资体制

明确界定政府在铁路发展中的财政支持范围，重点支持公益性较强的铁路运输基础设施建设、维护和运输服务。按照综合交通运输体系建设要求，统筹规划车辆购置税、燃油税、铁路建设基金、民航发展基金、港口建设费等专项税费的使用，发挥其在促进铁路运输发展和改革中的作用。拓宽融资渠道，实现投资主体多元化。加强激励机制设计，鼓励民间资本进入铁路运输领域，形成公私合作机制。建立铁路运输基础设施项目财务风险评估、预警和控制机制，防范政府投资或政府担保投资项目的债务风险。

就日益严峻的铁路债务问题而言，可以通过对不同线路进行政府补贴、社会化资本、引入战略投资者、特许经营、上市等多种方式组合来加以解决，如中央财政担负一部分，地方政府负担一部分，盈利性铁路上市融资，铁路债转股、铁路建设基金、其他运输方式收入（车购税、燃油税、高速公路过路费）等。

（五）建立铁路分类建设机制

为了从制度上解决公益性铁路和经营性铁路的建设问题，可根据铁路的公益性程度对全国不同区位的铁路线进行分类。依据铁路的不同属性，明确政府与铁路企业在基础设施建设方面各自的责任。对于具有公益性属性的铁路，中央政府应全部或部分承担其建设职责；对于具有商业性属性的铁路，中央政府应使其采取市场化建设和经营机制，使其具备吸引其他经营主体和外部资本进入的条件。政府投入铁路的资金实现专款专用、透明和可监管，防止资金转移和挪用。同时，在成本效益核算基础上，政府通过签订公共服务合同的形式向铁路运输企业购买铁路运输服务或明确规定对部分业务提供运营补贴。

（六）完善铁路改革的组织、法律和舆论保障

1. 加强铁路改革的领导和组织协调

铁路体制改革是一项系统工程，意义重大，政策性强，难度也很大，必须有政府的强力领导。建议成立国务院铁路改革领导

小组，由国务院主管交通运输的副总理牵头，下设办公室，办公室设在发展改革委或交通运输部，负责铁路改革方案的制订。领导小组成员来自发展改革委、交通运输部、国家铁路局、财政部、中国铁路总公司等。组建国务院铁路改革专家咨询委员会，专家委员会成员主要来自政策研究智囊机构、科研机构、高等院校和社会民意代表等。

2. 修订《铁路法》，为改革做到立法保障

现行《中华人民共和国铁路法》（以下简称《铁路法》）内容已不适应时代要求。如该法第三条“对国家铁路实行高度集中、统一指挥的运输管理体制”，第二十五条“国家铁路的旅客票价和货物、包裹、行李的运价率由国务院主管部门拟订，报国务院批准”。《铁路法》没有明确做出对社会投资者权益保护的规定。加快修改和完善《铁路法》，确定铁路运输企业完全市场主体地位，使其更加适应社会主义市场经济体制要求。

3. 加强铁路改革的舆论宣传

牢牢把握铁路改革的舆论导向，为铁路改革营造良好舆论氛围。要加强组织、精心策划，增强计划性和主动性，全方位调动相关政府、各种媒体、企业、中介机构的作用，坚持团结稳定鼓劲、正面宣传为主，大力宣传铁路改革的重要意义、举措。加强沟通，上下联动，充分发挥社会主流媒体新闻宣传的主渠道作用，形成舆论宣传的合力。要抓住重点、突出要点，不回避矛盾和困难，允许争论，让事实说话，向社会广泛宣传，让改革的利益攸关者感受到改革的必要性、紧迫性，让全社会支持铁路改革、推动铁路改革。

四、深化石油天然气行业改革的政策建议

石油天然气行业改革要加权顶层设计和总体规划，明确改革方向，统筹推进各项改革，从优化产业组织结构、培育合格市场竞争主体、加强能源市场体系建设、理顺能源价格形成机制、加快政府职能转变等方面入手，着手建立有利于能源科学发展的基本体制框架。

（一）加快推进石油天然气行业上游准入放开

目前，上游业务总体上还处于高度垄断的状态。为大力发展页岩气，国家将页岩气作为独立矿种进行探矿权招标，引入了民间资本等新的竞争者和投资主体，打破了油气勘探开发区块垄断且长期固化的局面，在石油天然气改革方面迈出了重要一步。但是，由于70%以上的非常规油气资源和常规油气资源赋存区域重叠，这部分资源最优质的区域尚未引入招标，仍由三大石油公司和延长石油负责勘探。对于这些存量油气区块，要强化矿权管理，对现有企业探矿投入严格考核，并将未达到投入要求的区块拿出来重新招标。为将上述建议落实到位，可开展由监察部、国土资源部、能源局、法制办、中央媒体组成的联合调查，对各油气区块

的实际勘探投入和合同承诺投入进行调查并向社会公开调查结果，改变以往单个部门执法时出现的有法不依、执法不严以及部分油气生产企业“占而不探、探而不采”现象，实现资源有效流转，增加油气产量。

（二）完善石油天然气管网的管理体制

完善石油天然气管网体制首先要明确石油天然气管网的改革模式。在分析发达国家天然气管网产业组织模式的基础上归纳了三种可供中国改革借鉴的产业组织模式，并比较不同模式的优缺点。

1. “统一管网、统一运营”模式（类似法国模式）

法国的天然气管网无论是干线还是配气管网，基本上都由国有的法国燃气苏伊士集团经营，其基本垄断了天然气的生产、管输和销售，市场份额达到91%。为实现对管输这一自然垄断领域的限制，法国政府要求天然气公司实行管输与销售业务分开经营、独立核算。

这种模式的优点在于便于政府统一规划管网建设，降低重复建设的可能性。但是这种模式的缺陷也是非常明显的。由于缺乏竞争，苏伊士集团在生产、管输和销售等各个环节缺乏提高效率的激励，导致成本居高不下。尽管政府可以对定价进行管制，要求企业制定“合理”价格，但由于信息不对称的存在，政府无法获得企业生产、运营和销售等环节的真实成本，难以真正制定合理的价格。在这种运营模式下，法国天然气价格大大高于其他国家。国际能源署数据显示，法国工业和民用天然气价格都是美国的1.5倍左右，并且与美国近年来天然气价格持续下降不同，法国的天然气价格不断上升，并和政府、民众形成尖锐的对抗，反映了“统一管网、统一运营”模式效率低下的事实。

目前，中国油气管网与“统一管网、统一经营”的模式最为接近，这种组织模式的劣势主要表现在生产、运营和销售效率都很低，各个环节成本居高不下，服务质量难以改进，资源配置效率低下，消费者不得不支付更高的价格。随着中国天然气需求的不断上升，“统一管网、统一经营”的垄断模式所造成的社会成本将快速上升。

2. 输配分离，输气网统一运营模式（类似英国模式）

英国的天然气管网中，英国国家电力供应公司负责天然气干线管道的管理和运营，配气管网则分别由5家公司各自管理和运营。

这种模式的优势在于根据经济属性将天然气生产、输送和销售区分开了，天然气生产和销售环节是竞争性领域，因此需要充分鼓励生产商之间、零售商之间的相互竞争；天然气输送环节则具有自然垄断的特性，因此独家经营是更具经济效率的。然而，这种模式能有效执行的先决条件是做到完全无歧视的“公平准入”，否则，上、下游的完全竞争将无法实现。例如，中石油、中石化和中海油控制了管网，其他企业无法将生产出来的天然气公平地接入管网输送，因此它们在生产领域也不可能与中石油、中石化和中海油展开竞争；同样，下游的销售企业由于无法公平地从管网中获得天然气，也无法和中石油、中石化和中海油形成真正有效的竞争。因此，在这种模式下，上下游充分竞争的前提是"公平准入"，"公平准入"的实现则依赖于独立且不受在位企业（中石油、中石化和中海油）影响的监管部门。英国为实现管网的"公平准入"，历经了10余年的改革。

20世纪80年代以前，英国天然气公司（BGC）独揽天然气购买大权（买方垄断），并且在英国境内垄断了客户供应市场，与目前中国的情形比较类似。这种情况下，具体气田的价格由英国天然气公司决定，而下游的销售价格按照平均成本法调控，从而增加了运输和配送成本。1982年英国发布了《石油与天然气企业法案》，为有兴趣的第三方买家打开了上游市场。但由于中游领域受第三方协商准入的管制，其市场竞争性很低。这种情况直到1986年发布《天然气法案》后才有所改变，英国天然气公司被私有化，纵向一体化的英国天然气公共有限公司（BG）成立。该法案还针对中游领域采用强制性第三方准入，为大用户开放市场。另外，还设立了天然气供应署（Ofgas）来监管非歧视性准入。然而，在BG公司完全垄断管网的前提下，简单的"强制性第三方准入"依然没有奏效，竞争性市场的发展相当缓慢。英国垄断与兼并调查委员会（MMC）发现BG公司的做法属于反竞争行为，在价格歧视方面表现尤为显著（向不符合条件的用户索要更高的价格）。因此，英国政府将BG购买新气的权力限定为原来的90%，且需要公布供应价格。随后，1992年BG公司的市场份额被强制压缩（1995年合约上的市场份额为40%），并要求公司将现有合同的部分天然气购买权释放给竞争对手。同时垄断与兼并调查委员会建议将BG拆分为若干个独立的子公司。1994年，BG被拆分，成立了国家电力供应公司（Transco）负责运输管道和储气库的运营，并创立了另外4家子公司，负责公共天然气供应、贸易、服务及零售。自此，英国天然气管网的"公平准入"才真正逐步实现。

从英国的经验中可以看出，要实现真正的"公平准入"，独立的监管部门是必要条件，但还远远不够（英国从1982年就成立了独立的监管部门）。另外一个重要条件是，在位企业的市场势力不能太大，不能影响到生产和销售领域的有效竞争。因此，英国首先强制压缩了BG公司的市场份额，但这还不足以降低BG公司的垄断地位。最后，BG公司被强制拆分，成立完全独立的国家电力供应公司（Transco），Transco只负责运输管道和储气库的运营，而不涉入天然气的生产和销售，这才真正消解了BG公司在生产和销售领域上的垄断地位，实现了管网的"公平准入"。

就中国目前而言，独立且不受在位企业影响的监管部门的建立并不容易，更重要的是，中石油、中石化和中海油在管网中的垄断地位决定了"公平准入"在短期内很难实现。要逐步实现"公平准入"，首先必须削减三大油企（特别是中石油）在天然气管网中的绝对垄断地位，在此基础上，需要进一步分拆在位企业中的管道运营业务，且管道运营商不得参与上下游的竞争性业务。显然，在中国，无论是建立独立监管部门、强制削减在位企业市场地位，还是分拆在位企业的管道运营业务，都是极其困难的。换而言之，英国式“公平准入”的实现是一个长期的改革过程。

这种模式另外一个劣势在于，由于信息不对称的存在，独家经营管网的成本难以监督。英国国土面积较小，且地区差异不大，因信息不对称带来的成本监督问题相对较小。在中国，这个问题将变得非常明显，由于中国存在明显的地区差异，管网修建、维护和折旧成本都各不相同，监管机构难以获得管网运营的真实成本，也就难以有效降低管网本身的运营成本。

3. 不同业主、分散运营、公平接入的竞争性管网模式（类似美国模式）

美国对管道输送天然气服务实施分散运营，第三方“公平准入”制度。同时，天然气产业的管输业务与销售业务被彻底分开，管道运营商的业务只局限于提供专业管输服务，上游生产企业、下游的销售企业都形成了竞争性的市场结构。

与统一经营模式相似，要实现上下游企业充分竞争，需要以“公平准入”为前提。要实现真正意义上的“公平准入”，就要求管输业务与生产、销售业务被彻底分开，才能保证管道运营商不能通过管道运输上的垄断势力影响上下游市场的公平竞争。这种模式与统一经营模式的最大差异在于，管道输送业务是竞争性的，而非垄断经营。2011 年，美国有大约 6300 家天然气生产商，开采了超过 480000 口天然气井，通过由 160 家不同管道公司运送出去，为 1200 多家天然气输配公司供应天然气，形成了全面竞争的市场格局。美国为实现天然气生产、输送和销售市场的全面竞争，进行长时间的改革。

美国的天然气产业起步于 20 世纪初，1938 年的《天然气法》规定了联邦能源委员会为州际天然气管道的监管方，而对州内天然气管道的监管则由州监管方负责。监管机构的主要职责是对天然气行业进行价格管制。价格管制在之后的几十年里有所加强，但也不幸地造成了 20 世纪 70 年代的天然气荒。当时，石油需求上涨带动价格的上涨，但天然气价格保持低位，使得天然气需求空前高涨。由于州内天然气公司从受管制的市场购买天然气，更是加剧了州际天然气的短缺状况。这种情况与中国近年来天然气价格管制背景下，需求快速上升，而供给相对不足的现状高度相似。

为解决天然气市场供需失衡、效率低下的现状，美国从 20 世纪 80 年代开始了大刀阔斧的改革。1985 年，联邦能源监管委员会颁布 436 号法令，该法令引入了管道第三方公平使用的规定，运输费限制在一定幅度之内。尽管存在“公平接入”的限制，但大多数州际管道运营商都参与到新规定中，形成了管道之间的相互竞争的格局，使得管道运输开始拥有了一流的服务。1989 年，美国国会颁布了《天然气井口解除控制法》，该项立法修正了《天然气政策法》，废除了所有对井口或天然气气田销售价格剩余的限制，以便在一组高效生产商之间创造竞争，基本上形成了天然气产业上游的竞争性市场结构。然而，上游充分竞争的前提是管道运输能够实现真正的“公平准入”。1992年，联邦能源监管委员会颁布了636号法令，要求纵向一体化企业将运输和储气服务与销售服务分离开来，并以开放的方式提供管道和储存容量，使得公平准入更加标准化和义务化，防止生产和销售上的非正当竞争。

相对于统一经营的垄断管网模式，竞争性管网模式的优点主要表现在以下四个方面。第一，它更有利于实现“公平接入”。由于上游生产企业和下游销售企业可以选择不同的管道运营商，管道运营商没有激励拒绝上游生产商“公平接入”其运营管道，相反，运营商还需要为获得更多上游和下游客户而竞争，“公平接入”自然得以实现。第二，竞争性管网模式有利于加快管道基础设施建设。由于管道之间存在着相互竞争，输送管道的质量和便利性就变得越来越重要，这将促进管网的基础设施投资。事实上，大部分美国国内州际管道投资是在市场开放时期完成的。私有公司在区域之间定价差异和市场利益的驱动下进行了大量的基础设施投资，促进了美国天然气管网体系的快速发展。第三，降低信息不对称，提高管道运营效率。在相互竞争的管网体系下，管网运营成本可以通过竞争对手的行为来显示，运营商将通过降低价格来吸引更多上游生产商和下游销售商使用其管道，进而显示其真实运营成本，这将大大降低监管管网运营成本的难度。第四，降低地区间差异。在竞争性管网模式下，地区间天然气价格差异将促使管道运营商进行地区间管道基础设施投资，进而不断弥合地区间天然气价格差异。事实上，美国大量的管网基础设施投资都与基于地区间价格差异驱动的。

对于竞争性管网体系的最大的担心是基础设施的重复建设，重复建设可能导致部分管道处于不饱和运行状态，进而提高运营成本。但是，只要管道运营商是竞争性的，重复建设不太可能出现，即使从表面上看存在某种形式的重复建设，这种“重复建设”往往也是有效的。具体而言，竞争性运营商在决策是否建造一条管道的同时必然会仔细考虑建造该管道的成本和收益，只有当收益大于成本时，该管道才会被建造出来。只要建造管道的收益大于成本，建造该管道就不存在过度投资，也就不存在所谓的“重复建设”。即使存在表面的“重复建设”，也是因为“重复建设”比使用单一管道更加有效，因为竞争性运营商没有激励重复建造一条无利可图的管道。再退一步讲，即使在改革过程中，管道运营商会出现盲目投资的非理性行为（比如，因产权不清晰导致的非利润最大化行为），政府监管部门也可以通过天然气管网规划引导（而非管制）运营商进入更有效率的管道建设中，从而避免重复建设和过度投资。

通过模式的分析和比选，我们认为：不同业主、分散运营、公平接入的竞争性管网模式更具效率，它不仅可以提高管网运营效率，使得“公平接入”更容易实现，同时也有利于加快管网基础设施建设，弥合区域差距，中国未来应采取竞争性管网模式。政府有必要从以下四个方面入手。

第一，尽快立法禁止以三大石油公司为主的管网运营商进入城市分销业务。一旦三大石油公司实现了销售业务整合，要把管网业务重新剥离出来将更为困难，因此，有必要尽快立法禁止管网运营商进入销售业务。

第二，逐步将管网业务独立于生产和销售，实现管网中立。由于管道公司在上游业务或下游业务中存在自身利益，为避免垄断情况的发生，管道公司应在管理和经营上独立于上游或下游的其他企业。为了确保遵循“公平准入”原则，管道公司应制定和遵守其管网开放的规范和程序，其主要内容应包括：分离管道公司运输与供应职能的方案；运输管道第三方准入的一般规定；服务条件、用户资格和收费标准等。管网开放规范和程序应经过监管机构批准，从而成为可适用于第三方的条款。

第三，逐步推进落实第三方“公平准入”机制。考虑到鼓励基础设施投资的需要，中国目前可首先对长输管道实行协商性的第三方准入制度，要求管输企业公布指导性运输费率和协商程序；其次，可在财务上分离运输业务账目，将综合性天然气公司的各种业务分别记账，天然气公司对自己的销售业务也要按标准收取相同的管道输送服务费用，通过监管部门对账目进行审计，以避免出现歧视、交叉补贴和不正当竞争行为；再次，监管部门建立快速、有效的争端解决程序，及时解决协商过程中出现的矛盾；最后，时机成熟时，建立完善的第三方准入制度。

第四，分步骤实现“多网竞争”，形成多管道竞争的格局。目前，中石油、中石化和中海油都建立了自己的管网体系，“多网竞争”的基本要素是具备的。然而，目前中石油掌握了市场80%以上的份额，占据市场的绝对主导地位，这对管网之间的竞争是非常不利的。考虑到管网体系自然垄断的经济特性，市场力量难以改变中石油的绝对主导地位。在这种条件下，可以参考英国管网体制改革的机制，对中石油市场份额的扩张实行严格限制，并鼓励中石化和中海油的管网建设。同时，更重要的是，应该通过政策扶持和鼓励民营企业进入到天然气管网建设中来。从操作上看，在西气东输、川气东送、海气上岸等主要的能源运输通道建设上逐步引入多个业主，实现平行线竞争。在西气东输三线引入社会投资者之后，要在西气东输后期线路以及新疆煤制气管线建设上引进更多的投资者。

（三）构建油气管网的监管体系

石油天然气行业必须由政府监管，特别是天然气管网存在自然垄断的特性，无论采取哪种模式，政府监管都必不可少。现阶段，中国还没有独立的天然气监管机构，中央和地方有一定的权力，同时监管权力分散在不同的政府部门和机构之间。由于监管是中国天然气市场面临的最关键问题之一，明确监管机构的职责非常重要。

1. 监管内容

由于天然气涉及生产、运输和销售三个主要环节，监管也同样围绕这三个环节展开。

生产环节的监管内容主要包括以下三个方面。第一，对天然气项目在勘探开发和生产阶段的许可以及所有权的监管，有效确定各归属权和所有权；第二，安全和环境监管，确保天然气资源开发过程中公众的安全利益和环境责任；第三，生产商使用基础设施的监管，为天然气销售到下游市场中保持竞争优势提供保障。

管网运输和基础设施监管则是最重要也是最容易出现问题的方面。在开放的天然气市场中，监管机构在确保对天然气市场自然垄断部分进行适当管理、防止滥用市场权力的过程中担任着必不可少的参与者角色。监管天然气基础设施就是要充分利用基础设施，其方式包括最大限度地提升现有基础设施的使用率，迅速有效地扩大其规模，以最低的成本将天然气交付给客户。这意味着监管机构必须设立一套正确的评估机制，并拥有监督权和执行权，这有助于缓解监管机构面临的挑战。然而，中国政府尚未对管道管网准入进行管制。目前，政府没有对第三方设立任何收费（除已有的管道收费外），没有对管道的使用规定任何限定条件，也没有出台任何运输管道使用相关条例。这使得没有基础设施的公司只能将其天然气卖给有管道的公司，或尝试卖给本地消费者。然而，并没有任何一个外国公司或中国公司从中国边境将进口的天然气销售到中国市场的先例（三大公司除外），因此对于外国公司来说，要实现本地销售似乎是不太可能的。小型公司或者海外企业无法公平获得管网准入的权利，这实际上阻止或限制了任何上游竞争及向终端用户或天然气配送公司输送液化天然气或管道天然气的新供应商的进入。

管网监管的主要内容包括两部分，一为切实实现“公平准入”，二为管道运输合理收费。在输送的天然气符合规定质量标准的情况下，对所有天然气供应商实行天然气供应与基础设施准入对促进竞争起着非常重要的作用，因此，这是一项主要的监管任务。第三方准入使得独立运营的天然气生产商、进口商和销售商有资格使用市场参与者持有的天然气基础设施。天然气产能可用度、产能购买和产能使用成本是第三方准入最为关键的几项，监管机构必须能够对其有所了解，适度调控并加以推进，最终在不同市场参与者之间实施。促进开放准入要求监管机构以透明、可靠和公平的方式制定输送管网产能的管理标准，并且在制定过程中咨询所有相关参与方的意见。除管网产能管理外，还需确定产能购买和使用费用。管网使用有几种收费方式，且采取的方式会影响管网技术结构，国家监管机构需要根据中国的现实来选择适用的方式。

2. 监管方式

考虑到天然气市场的复杂性和相关基础设施的特征和用途，西方国家通常为自己的监管机构（主要来自行业参与者，也有的来自其他政府机构）赋予了高水平的专业性和独立性，以及充足的资源，允许其施展充分的决策能力。监管机构不受政治压力在内的所有利益相关方的约束，这种做法加强了它的决策能力，确保公平对待所有的市场参与方，保护基础设施的长期使用，而不受短期影响。为达成一项合理、可接受的决策，监管机构一般采用商议和透明的方式，包括从一开始到现在的所有相关市场参与者，并公布证据和最终决策。独立监管机构需要拥有强大的实权，不仅能够促进公平高效的管道准入机制，还可以对抗当前政府机构和国有石油公司建立的根深蒂固的利害关系。

对于管网成本监管，一般有两种方式，一为“成本加成型”，二为“激励型”。成本加成监管方式是由监管机构核算基础设施资产的总成本，包括资本成本、运营成本以及已投资本的合理回报率。总支出确定后，即可核算出年度成本，并体现出网络运营商的年度收益。激励型监管是一种较新的成本计算方式，目的是将网络运营商的成本与所获收益分离开来，形成一种虚拟的最佳管网结构，与真实的现有管网形成对比，从而确定管网运营商总支出的成本效益水平。实际成本效益与最佳成本收益之间的差值是各个管网运营商在成本方面的发展目标，以此激励运营商降低成本。额外激励有多种，包括达成供应质量目标、实现创新和达成其他方面预期时给予的额外收入。激励型监管通常作为一种方法用于现有基本稳定的竞争性管网中，用来减少无效成本。

基于成本监管的资本回报率多数情况下也由监管机构决定。一些监管机构从整体上确定投资回报率，而其他监管机构，例如美国联邦能源监管委员会（FERC），则根据具体的项目来确定。确定监管的回报率是投资的重要推动力。如果提供的回报率太低，市场将无法吸引足够的投资者来促进市场发展。另一方面，如果回报率高于投资者的预期，则会造成过分投资的风险。这种情况下，受监管的实体将会受到激励，对资本密集型基础设施进行过度投资，最大限度获取回报，从而将市场自由化效益降至降低。

不管采取哪种监管方式，成本监管方面都有两大要求。其一是所获收益只能体现在与管网及管网使用相关的成本，从而避免在价值链不同环节之间实行交叉补贴（中国目前在天然气输送与进口或生产环节之间采取这种交叉补贴的方式）。如果不加以限制，纵向一体化公司会利用交叉补贴，通过成本转移（比如将天然气生产成本转移到网络成本）排除竞争者。这种行为会导致所有参与者的天然气运输成本上升，而纵向一体化公司则获得采购方面的成本优势。纵向一体化公司的天然气生产和运输总成本保持不变，而运输成本的上涨将导致竞争对手的总成本增加。换言之，交叉补贴会造成对第三方的歧视。其二是对市场权力的整体限制。实行限制前，非一体化的网络运营商能够运用（或滥用）其市场权力，进行自然垄断，征收高于规定标准的管网使用费用。这样会使得运营商的收益增加，而用户则承担不公平的额外成本。

3. 组织体系

在 OECD 国家，通过建立独立的监管机构，政府在推进天然气市场自由化方面扮演着必不可少的角色。在中国也一样，即使我们认识到目前中国能源市场上的权力分配给了不同的部门和机构，且中央政府和省级政府之间存在着不同的利益，但政府仍应成为市场变化背后的驱动力量。专门的能源管理机构将会使政府对能源问题的理解更加清晰，只要明确机构部门的设置和职责，那么天然气产业上下游的问题就交给政府来解决了。

根据天然气发展的不同阶段，西方国家都建立了独立的监管机构。美国联邦政府分别设立了能源主管部门和能源监管机构。能源主管部门主要负责能源发展和安全的大政方针和相关政策的研究；而能源监管机构主要负责具体的监管政策的制定和执行。独立于政府并具有司法审判功能的监管机构更有效地保证了政府的能源政策的落实，其公开、公正、透明的执法原则使其更加便于公众监督。在监管机构中，联邦能源监管委员会负责监管州际管网体系，而州内的管网体系则由州立监管机构监管。在英国，天然气供应办公室（Ofgas）独立负责对天然气行业的监管，主要集中于促进行业竞争、保护消费者利益和对天然气运输配送管网等自然垄断业务费率及服务的监督管理。鉴于近年来天然气行业与电力行业监管任务的趋同性发展趋势，政府于 2000 年出台了新的公用事业法案，将天然气供应办公室和电力供应办公室合并重组为天然气电力市场办公室，统一负责制定监管战略和政策，协调两个公用事业领域的监管工作。

西方国家的经验表明，建立职责明确、不受政治压力和所有利益相关方约束的独立能源监管机构对于促进中国天然气行业发展是至关重要的。因此，要基于“政监分离”的原则，明确政策制定部门和监管机构的职责。政策制定部门的主要职能是：制定行业发展战略、市场准入规则和税收政策；确定天然气产品及相关服务的定价原则；组织制定与产品和服务的质量以及安全、环境、资源合理利用等有关的法律法规。成立专门的监管部门，其主要职责是：对天然气市场的发展情况进行监督并就此向主管部门汇报；审批天然气下游领域的重大项目的申请；审核管道公司制定的服务费率；监督第三方准入机制的落实情况；处理被监管公司与其服务的用户之间的争议。

监管体系改革需要视情况采取循序渐进的政策。在气源已经或即将多元化、市场竞争格局已经或即将形成的东部等地区，应实行管网的第三方准入，同时可以考虑设立区域性监管机构，作为建立全国性监管体系的试点。对于基础设施已具一定规模但气源市场竞争性不足的地区，应以提高输配系统运营效率和促进气源开发为目标。在其他刚刚步入发展初期的地区，应通过优惠政策和长期的制度安排，鼓励基础设施投资，并对天然气商品和服务价格进行严格监管。

（四）推动油气领域的混合所有制改革

首先是要推动大型国有能源企业的主辅分离及整体上市。对于已有的国有大型企业，要通过主辅分离和整体上市来推进混合所有制改革，以增强主业的竞争力和运行效率。比如，石油企业可以将风险勘探、油田服务业和工程技术等辅业独立出来，组成专业化公司，独立经营并推进上市。其好处在于，一是减轻主营业务负担，提高运行效率，以做强主业。二是促进服务公司的发展。有人担心辅业公司分离后的生存问题，实践证明，不少辅业公司通过专业化经营实现了很好的发展。比如，东方地球物理勘探公司从中石油各个石油管理局分离出来组成专业化公司后，得到快速发展，也形成了较强的国际竞争力，目前公司综合实力位居全球第三，陆上业务稳居全球第一。中海油主辅分离也很成功，中海油服、海洋工程等专业性公司都得到很好的发展。三是形成科学合理的石油工业体系。主辅分离以后，主业公司可以选择多家专业化公司进行服务，辅业公司也可以和更多的主业公司合作，还可以开拓国际市场。更为重要的是，专业性服务公司能够为新进入的市场竞争者提供技术服务，可以打破现有企业的技术垄断。除了主辅分离外，还要推进主营业务的整体上市，能够放入主业公司的业务，尽量放入主业公司。放入主业公司降低公司价值的业务，可以将其民营化。

上述改革风险不大，但效益明显，同时为下一步改革打下基础。在完成主辅分离和整体上市后，主业的经营管理主体是股权清晰的上市公司。由于上市公司天然就是混合所有制经济，国家可以通过资本市场这个平台来实现国有资本的进退，为混合所有制改革提供清晰规范的交易平台。

其次，进一步完善国有大型能源企业的股权结构和管理机制。在推进混合所有制改革的同时，要进一步完善国有能源企业的股权结构和管理机制，以打破体制束缚，释放国有企业的活力。一是优化股权结构。在不改变国有总体控股的情况下，可有多个国有股东分散持股，不同国有持股机构在一定程度上能实现相互制衡，有助于改善公司治理。可以考虑将能源企业的一部分股权划拨给社保基金，同时在石油、电力和核能领域成立2～3家能源投资公司，持有一部分能源企业的股权。届时将形成能源投资公司、社保基金和社会投资者三足鼎立的股权结构。二是完善公司的管理机制。在实现主辅分离、整体上市和股权优化以后，能源企业要实现社会化、市场化运营。要赋予公司董事会更充分的权力，让董事会有权决定高管选聘、绩效考核、激励机制、战略发展等重要事项。同时，破除国有企业在人事、用工、分配等方面固有的条条框框，做到管理人员能上能下、员工能进能出、收入能增能减。三是明确能源投资公司的战略调控作用。与社保基金投资主要考虑财务指标不同，能源投资公司在实现一定的财务指标的基础上，还要考虑国家战略。对内而言，能源投资公司要代表国家在战略性领域持有股权，以实现相关领域的绝对和相对控股。对外而言，在能源企业对外投资时，能源投资公司可以在后台进行一些协调，避免相关企业自我恶性竞争。同时，能源投资公司也可以出售一些非战略资产并购买一些跨国石油公司和国际能源交易平台的股权，形成我中有你、你中有我的资本持有关系，提升中国能源产业在国际上的整体影响力。

（五）健全石油天然气法律法规体系

发达国家石油天然气行业市场化改革的进程表明，所有改革都以立法先行，通过立法规范政府和企业行为，帮助企业形成稳定预期。然而，目前为止，中国还没有关于石油天然气的任何一部专门立法，更没有关于石油天然气生产、输送和销售领域的细致法律。要实现组织模式和监管模式改革，必须以法律为基础。政府至少需要从以下三方面入手完善天然气行业的制度环境。

第一，制定专门的《石油天然气法》。应考虑制定独立的《天然气法》，该法主要调整中游长距离运输、储存及下游配售和安全管理等领域，为天然气中下游的发展确定政策目标，确定监管原则，规定监管机构的组成和职责，并就管网经营准入制度做出详细的规定。在立法位阶方面，可先由国务院制定行政法规，在实施过程中取得经验后再上升为法律。另外，也可以考虑推进石油天然气综合立法，在该综合立法中做出相应的规定也不失为一条可行的途径；可待时机成熟后，再制定专门的《天然气法》。

第二，重视相关立法的支持和配合。充分运用《反垄断法》《反不正当竞争法》《公司法》等相关立法的制度资源，用以规范石油天然气行业从业者的经营行为，以防止限制竞争和强化市场权力的情况发生。当务之急是在《反垄断法》实施细则中对石油天然气行业的垄断行为做出较为具体的规定，或者针对类似的自然垄断行业做出更为详细的规定。

五、深化民航体制改革的政策建议

为促进民航业健康发展，实现由民航大国向民航强国的跨越，建议继续推进和深化民航体制改革，重视下述一些方面的工作。

（一）积极推进并不断深化低空空域管理改革

国际航空发达国家通常采用体制改革、静态划分和动态协调相结合的方式进行国家空域资源管理。实践证明，客观公正地改革空域管理体制、划分国家空域类别和建立空域灵活使用机制，能够有效推进空域管理现代化进程，逐步改善军民航协调效果，全面提升空域使用效率，大幅减少空中交通管制延误。

针对中国民航空域资源严重不足的现状，2010 年 11 月，国务院、中央军委正式发布了《关于深化中国低空空域管理改革的意见》（以下简称《意见》）。《意见》指出，要积极稳妥推进低空空域管理改革，最大限度盘活低空空域资源，促进通用航空事业健康有序发展，为经济建设、国防建设和社会发展提供有力支撑。《意见》还确定了深化低空空域管理改革的主要任务：按照管制、监视和报告三类空域划设低空空域，区分不同模式实行分类管理试点；逐步构建具有中国特色的低空空域管理法规标准体系，为改革提供法律支撑；加强配套设施建设；以国家投资为主，鼓励地方政府和社会力量投资建设航空服务站，等等。

要抓住有利时机，积极推进并不断深化中国低空空域管理改革，建立军、民航协调统一的空域管理新体制，制定民航空域使用中长期规划，加大空域资源开发力度。加快京广、京沪和沪广“平行航路”建设，建立空域灵活使用机制，减少飞行禁区，这样不仅能提高中国航空业的运行效率，进一步降低航班大面积延误的几率，还能大幅减少环境污染和碳排放。

（二）增强国内航空公司的可持续发展能力

建议降低或取消民航建设基金，或者对航空公司给予适当比例的返还，定向用于国内航空公司在安全、科技等方面的投入。发挥市场配置资源的基础性作用，放松对航空公司的投资、价格等方面的经济规制，为航空公司创造更加宽松的政策环境和更加公平的市场环境。放开价格管理有利于航空公司依据市场需求实行多级票价。国家从增强民航业国际竞争力的角度出发，采取注入资本金等措施继续改善中央航空企业的股权结构，降低资产负债率，支持航空公司进行并购重组，增强国内航空公司的可持续发展能力。大力推进航空公司进行公司制、股份制改革，加快完善法人治理结构，建立现代企业制度。调整集团公司和投资公司的管理架构，更好地实施相关多元化战略，稳步推进整体上市。深化人事、用工和薪酬制度改革，健全激励约束机制，增强企业活力。

（三）继续完善民航管理体制和运行机制

要继续完善民航管理体制和运行机制，进一步理顺民航总局与地区管理局、监管办之间的职责分工，建立公平竞争、规范有序的航空运输市场体系。要进一步厘清政府与市场之间的关系，切实转变政府职能，继续推进政企分开、政事分开和政资分开，加快国内航空运输市场监管体系建设。进一步理顺航空公司、机场、空管、保障企业等运行主体之间的关系，建立各系统协调顺畅的行业运行机制。围绕落实企业安全主体责任，不断完善安全监管体制，推动安全监管机制、手段和文化创新，提高安全监管能力和水平。

继续深化航权航班审批改革。打破区域壁垒，统一开放市场。尽快完善国际航权分配机制，整合已有的国际航权资源，增强中国航空公司在中国至北美、欧洲等国际航线上的抗衡实力，确立中国航空公司在中国至南美、非洲等国际航线上具有主导的优势地位。完善国际航线补贴及扶持政策，提高航空公司运营国际航线的积极性。从中国航空公司国际竞争需要出发，加强总体政策研究，确定相应步骤、方式和进度，有效应对“天空开放”。

（四）建立多元化的机场建设融资体系

机场是城市和地区重要的公共基础设施，是特殊的、具有自然垄断性质的企业，所以机场的建设和运营必须符合国家对机场的统一规划布局，适应并适度超前于城市和区域经济发展的要求。

由于机场的基础设施作用，即使在发达国家，经营定期航班、对外开放的商业性机场基本上都是由政府投资兴建的，机场的准入管制也较严格。当然，不排除私人在商业机场内投资建设货站和各种商业设施，也不排除私人资本在机场占有一定的股份。

随着国家基础设施领域对民营资本和外资的逐步开放，机场的投资主体也在逐步走多元化。通过吸收部分民营资本、外资，或通过发行债券、股票形式募集资金来投资机场建设，实现机场的产权多元化。充分发挥民航产业投资基金的作用，探索运用包括 PPP（公私合作模式）等方式在内的投融资方式，吸引社会资本参与盈利状况较好的枢纽机场、干线机场以及机场配套服务设施等投资建设。通过国家投资、地方政府投资、股权投资、发行债券等多元融资，深化民航机场投融资体制改革，加快机场公共基础设施建设，适应航空运输快速发展需要。

六、进一步发展市政公用事业的建议

市政公用事业改革已经取得了很大进展，但仍面临新的问题，需要进一步推进改革。根据市政公用事业的特点和改革现状与面临问题，特别是紧密结合十八届三中全会关于全面深化改革的总体部署，“十三五”期间市政公用事业改革的总体思路是进一步推动开放和竞争，同时强化政府的监管和投入责任，继续充分利用市场机制，一方面加大政府的财政资金引导和投入，另一方面通过完善法制、建立科学的价格调整机制等，着力促进培养公开透明的市场进入和经营体制，促进市政公用事业的新发展。具体有以下几个方面的政策建议。

（一）明确市政设施的公共服务定位以及政府财政投资的责任

市政公用事业的市场化改革的实质是政府、企业与其他利益相关者之间进行角色重新定位、责任重新划分的过程。

传统体制之下，政府直接经营市政公用事业存在效率低下等问题已经成为国际共性问题。市政公用事业市场化改革，本质上是城市政府为了提高效率，借助市场的力量，以合理的形式将部分任务逐步转移给企业的过程。但是，与一般竞争性行业不同，市政公用事业引入市场机制具有一定的特殊性，政府的市政服务责任不能因为管理形式的改变而改变。市政公用事业特许经营是在不改变直接责任主体的基础上引入市场机制的一种方式，其核心是把政府的具体服务任务向企业转移，改变了原来由政府直接提供服务的形式，而通过特许经营的方式让企业来帮助政府进行具体服务，实现城市政府责任主体与特许经营企业具体服务实施主体的分离。

实施了特许经营管理之后的城市政府仍然承担着服务责任。在特许经营形式下，政府是通过经济协议的形式请专业服务企业来帮助政府提供更高质量的高效服务，其核心思想是把服务任务以合法的形式转移给企业，这种特许经营方式并没有改变市政公用事业的根本特点。

（二）建立和完善有关城市市政公用行业建设和管理的法律、法规体系

城市公用事业改革必须立法先行，完善的法律法规体系是改革的前提和保证，对明确改革的目标和方向具有重要意义。目前中国有关市政公用事业的不少政策位阶低，而且发布时间过久，不少条例已经不能符合现在的新形势，现行的部门规章已经难以继续推进特许经营制度的进一步完善。应尽快制定《城市公用事业法》，界定城市公用事业的地位和性质，明确投资、运营管理和监管等方面的责任和义务，切实保障城市公用事业的持续发展；进一步完善制定《城市公用事业特许经营法》，在合同条款、收费机制、监督管理、经营权移转等方面进一步规范双方的权利和义务，降低投资风险，让投资者形成稳定的预期收益。在特许经营法律框架之下，界定政府、公众和企业之间的责任。城市政府应该尽能力参与设施投资，并最终收回和拥有市政服务设施资产。

（三）加快产权主体与经营主体的分离及专业化服务

市政公用事业性质和特许经营制度体系的责任结构设计，决定了在行业施行特许经营需要以产权主体与经营主体的分离为前提。

产权主体与经营主体的分离，将资产留在政府，将经营服务放到市场，无疑有利于公用市政事业市场的规范化、品牌化，专业运营公司、专业服务公司、专业投资公司就可以在经营层面进行有效的规模化发展。有效实施产权主体与经营主体的分离有一个基本条件，就是国资委需要给出一个市政设施资产存在于城市政府的明确形式和要求，这种资产将区别于一般竞争性资产，是没有资产回报（或者不充分市场回报）的沉淀性资产，城市政府可能还要继续承担一定的投资责任。目前，特许经营制度已经基本建立，本文认为对绝大部分城市而言，产权主体与经营主体的分离是改革的主流趋势。

（四）改革价格形成机制、收费机制和运营补贴机制

逐步建立科学合理的水价形成机制，完善市政基础设施有偿使用制度。建立绩效评价平台，逐渐实现以行业平均成本定价模式，促进行业提高效率。全面推行污水、垃圾处理收费制度，提高政府环境服务的采购能力。实施价格管理与服务监管的联动，充分利用价格因素提高服务质量。完善污水、垃圾处理费征收方式，提高征缴率。根据谁污染谁付费的原则，适时提高污水、垃圾处理收费标准，使其在综合承受力许可的范围内覆盖全成本，同时加快出台污水除磷脱氮、污泥处理等收费政策。加强对污水、垃圾处理收缴费用的监督和管理。

建议在国家层面建立基于市政设施运营效果的政府财政补贴机制，即动用专向财政资金对市政设施运营环节给予财政补贴，这样可以有效提高设施运营者积极性，并能够保证设施正常运营，切实实现公共服务和减排目标，改善和提高服务质量。同时，建议将有限的国债资金集中投向污水处理管网、农村环境设施等市场机制不能覆盖的领域，与市场资金形成有机的补充。

（五）以深化监管体制改革减少分散和多头监管的局面

中国目前尚没有在中央层面设立相对独立、专业的市政公用事业监管机构，对市政公用事业进行监管的各项功能分散于有关政府部门。在地方层面，虽然部分城市成立了市政公用事业监管机构，但其承担的监管内容仅限于项目的行政、运营等方面，资本运作、成本核算、价格等核心监管内容则属于国资委、物价局的职责范围，难以介入。在地方的机构设置上，建议成立综合性监管部门，实现对市政公用事业的集中监管。监管机构应具有独立性、透明性、专业性和可问责性，并独立于被监管者，与其他行政职能部门划清职责界限，做到经费和人员的相对独立，确保其具有完整、独立的监管权。

（六）以完善信息公开制度为基础更好地发挥社会监督的作用

应通过广播、电视、报刊、网络等多种方式，按照月度、季度或年度频率公开城市公用事业企业的成本和运营等绩效信息、服务质量信息和客户满意度调查结果。通过信息公开方式，增加城市公用事业企业成本透明性，提高企业效率，促进社会公众了解城市公用事业企业绩效状况，增加用户对城市公用事业价格改革政策的理性思考和判断。同时，还可促进城市公用事业企业科学评价自己的生产效率和服务质量，为企业管理者提供相互学习和借鉴的机会。通过同行之间绩效比较和排名，刺激企业提高绩效。

总体来说，经过改革开放30年来不断深化的经济体制改革，中国垄断性行业的面貌发生了巨大变化。部分垄断性行业实现了政企分开，行政性垄断的问题得到一定程度的解决。除了具有强自然垄断特征的传输网络之外，产业链上的其他环节基本都形成了两家甚至多家企业开展竞争的格局，产业组织结构得到了优化，初步引入了市场竞争机制。中国重新构建了对垄断性行业的管制制度，放松了对市场进入、价格、投资等方面的经济性管制，加强了对安全、环境保护等方面的社会性管制，改进了管制方法。在市场竞争压力下，垄断性行业内的国有企业在改革过程中积极进行改制，建立现代企业制度，提高经营管理水平，有条件的企业还通过国内外资本市场发行股票融资，推动了自身的发展。在中国国民经济持续快速发展的大背景下，电力、电信、民航、铁路运输、邮政等行业都实现了较快的发展，基本消除了“瓶颈”现象，为国民经济的发展和人民生活水平的提高作出了重要贡献。

但我们也应看到，由于垄断性行业的特殊产业性质，其改革具有长期性和复杂性。目前，中国垄断性行业都无一例外地处于改革攻坚阶段，有许多新问题需要通过后续的体制改革加以解决。

参考文献 References

[1] 刘世锦，冯飞主编．中国电力改革与可持续发展．北京：经济管理出版社，2003

[2] 朱高峰主编．全球化时代的中国制造．北京：社会科学文献出版社，2003

[3] 让·雅克·拉丰，让·泰勒尔．电信竞争．北京：人民邮政出版社，2001

[4] 吴敬琏，刘吉瑞．论竞争性市场体制．北京：中国财政经济出版社，1998

[5] 仇保兴，王俊豪．中国城市公用事业监管体制研究．北京：中国社会科学出版社，2006

[6] 姜润宇主编．城市燃气——欧盟的管理体制和中国的改革．北京：中国市场出版社，2006

[7] 李琮．中国国际垄断——巨型中国公司综论．上海：上海财经大学出版社，2002

[8] 赵昌文，张永伟．设计国企改革方案应注意的几个问题．国务院发展研究中心调研报告择要，2014－02－20

[9] 赵昌文，范保群，许召元．当前中国企业转型发展的主要模式与进展．国务院发展研究中心调研报告，2012－08－15

[10] 冯飞．深化基础产业改革的思路与重点．国务院发展研究中心调研报告择要，2013－06－19

[11] 冯飞．关于深化垄断性行业改革的建议．国务院发展研究中心调研报告择要，2003，55

[12] 王忠宏，陈亮辉．日本国有铁路改革及启示．国务院发展研究中心调研报告，2013－04－26

[13] 国务院发展研究中心产业经济研究部．改革开放以来中国工业经济的改革与发展（1978－2008）．国务院发展研究中心产业经济研究部课题报告，2011

[14] 国务院发展研究中心产业经济研究部．垄断行业改革与重组．国务院发展研究中心产业经济研究部课题报告，2004

[15] 吴建华．公用事业改革箭在弦上．华夏时报，2013－11－29

[16] 范合君等．中国垄断行业改革的全景路径与总统趋向．产业经济，2013（5）

[17] 李叶．浅析城市公用事业市场化改革．中华人民共和国审计署网站，2013－08－08

[18] 九三学社中央．关于深化城市公用事业改革的提案．全国政协十二届三次会议提案第0822号，2015

[19] 曹现强，刘梅梅．公共性差异视角下的市政公用事业发展探析．理论探讨，2012（4）

[20] 全国工商联环境服务业商会．市场化：市政公用事业深化改革的路径．环境产业研究，2012（25）

[21] 王学庆．“十二五”市政公用事业改革监管面临的问题与对策．宏观经济管理，2010（9）